Deutschbuch

Arbeitsheft 7

Neue Ausgabe

Arbeitstechniken
Texte schreiben
Grammatik
Rechtschreibung
Lesetraining
Lernstand testen

Herausgegeben von
Cordula Grunow und Bernd Schurf

Erarbeitet von
Jan Diehm, Cordula Grunow,
Angela Mielke, Vera Potthast,
Irmgard Schick und Andrea Wagener

Cornelsen

Inhaltsverzeichnis

☆ Aufgaben mit erhöhtem Schwierigkeitsgrad.

Du kannst dieses Arbeitsheft auch bei der **Freiarbeit** verwenden.
Mit dem **Lösungsheft** kannst du deine Lernergebnisse selbst überprüfen.

Texte schreiben: planen und überarbeiten

ARBEITSTECHNIK

Bevor du mit dem Schreiben eines Textes beginnst, musst du geeignete **Inhalte sammeln und gliedern:**

1. Schau dir das gegebene **Thema** genau an: Worum geht es? Welche **Art Text** ist gefordert (z. B. Bericht, Beschreibung)?
2. Sammle und gliedere zuerst alle Gedanken, die du zu diesem Thema hast:
   - Notiere sie geordnet, z. B. in einer **Mind-Map** oder in einem **Cluster.**
   - Entscheide, welche deiner Ideen du so **wichtig und interessant** findest, dass du sie in deinen Text aufnehmen möchtest. Streiche den Rest durch.
   - Lege für die verbleibenden Gedanken eine **Reihenfolge** fest, indem du nach Wichtigkeit nummerierst.
   - Die meisten Texte sind in **Einleitung, Hauptteil und Schluss** gegliedert. Lege eine Tabelle mit dieser **Gliederung** an und ordne deine Ideen dort ein, wo du sie im Text ausarbeiten möchtest. Achte auf eine passende Einleitung (Wie kannst du deine Leser für deinen Text interessieren?) und auf den Schluss (Was ist dir persönlich am Thema besonders wichtig?).

Deine Schule bereitet eine Ausstellung zum Thema „Alt-modisch?“ vor. Deine Klasse entscheidet, die eigenen Großeltern (oder eine andere ältere Person) in Bildern, Interviews, Erzählungen und Beschreibungen zu präsentieren.

1 *a) Entscheide, welchen älteren Menschen du beschreiben möchtest. Dein Text soll möglichst lebendig darstellen, was für ein Mensch er oder sie ist und wie er oder sie lebt. Sammle Ideen, was du beschreiben könntest.*

b) Zeichne nach dem Muster rechts eine Mind-Map in dein Heft und arbeite diese aus, indem du alles notierst, was dir einfällt.

c) Schau dir deine ausgearbeitete Mind-Map genau an. Entscheide, welche Oberbegriffe und welche Stichworte in deiner Beschreibung vorkommen sollen, und streiche weniger Interessantes durch.

d) Ordne deine Ideen für die Gliederung des Textes: Lege eine Reihenfolge fest, indem du die Einträge deiner Mind-Map nummerierst.

e) Trage die Nummern deiner Ideen in die folgende Tabelle ein. Entscheide, was du wo in deinem Text anordnen möchtest.

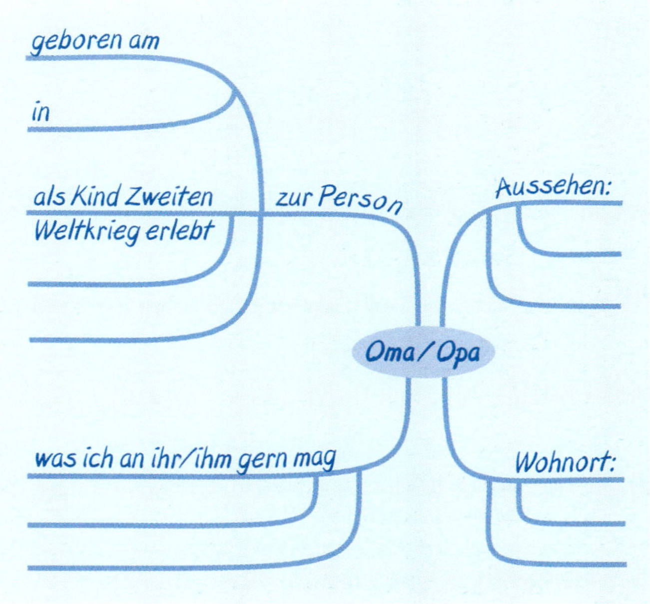

Einleitung	Hauptteil	Schluss

TIPP

Um **abwechslungsreich schreiben** zu können, solltest du **treffende und anschauliche Wörter** sammeln, z. B. Verben („erklären“, „bemerken“, „ausführen“ ... statt immer nur „sagen“), Adjektive („herzlich“, „innig“, „gefühlvoll“ ...) oder Partizipien („überzeugend“, „gewinnend“, „durchdacht“ ...).

2 *a) Sammle in deinem Heft möglichst viele Adjektive, die den ausgewählten Menschen anschaulich beschreiben.*

b) Formuliere – unter Verwendung aller vorangegangenen Arbeitsergebnisse – in deinem Heft einen Entwurf deiner Beschreibung. Schreibe einen zusammenhängenden Text.

ARBEITSTECHNIK

Einen Text überarbeiten

Selten ist ein Text in der ersten Fassung richtig gut, sitzt jedes Wort an der richtigen Stelle. Nimm dir genug Zeit, deinen Textentwurf noch einmal sorgfältig zu lesen, und versetz dich dabei in die **Rolle einer Leserin, eines Lesers,** die oder der noch nichts über das Beschriebene oder Erzählte weiß:

- ☐ Versteht sie oder er alles?
- ☐ Sind alle wichtigen **Inhalte richtig** und **in sinnvoller Reihenfolge** (Gliederung) dargestellt?
- ☐ Wird man durch **nichts Überflüssiges** durcheinandergebracht?

Überarbeite deinen Text mit der **Textlupe:** Greife zur Überprüfung nacheinander bestimmte Aspekte heraus und überprüfe nur diese, aber Satz für Satz. Achte besonders auf folgende Fragen:

- ☐ Stimmt das **Tempus**?
- ☐ Ist der Text interessant und **abwechslungsreich** geschrieben (in **Wortwahl** und **Satzbau**)?
- ☐ Sind **Rechtschreibung** und **Grammatik** fehlerfrei?

Notiere deine Verbesserungen in der Randspalte neben dem Text.

Miriam hat ihre Oma beschrieben. Sie will den Textentwurf nun überarbeiten.

1 *Lies den folgenden Text.*

So ist meine Oma

(1) Es ist gar nicht so einfach, meine Großmutter so zu beschreiben, dass man sie sich wirklich vorstellen kann. Eigentlich müsstet ihr sie kennen lernen, denn das Besondere an meiner Oma bemerkt man nicht unbedingt auf den ersten Blick.

(2) Meine Oma ist eine ganz normale alte Dame, äußerlich betrachtet. Sie hat weiße, etwas gewellte Haare und sie hat eine Brille. Sie hat kleine, verschmitzte Augen. Die Augen sind oft gerötet. Sie hat eine weiche, gefleckte Haut, die ganz locker um ihren Körper liegt. Es wirkt, als hätte sie zu viel Haut. Sie hat meist eine gebügelte Stoffhose und dazu eine Bluse an. Sie geht leicht gekrümmt und langsam, sie hat aber keinen Stock.

(3) Wenn man meine Oma langsam daherkommen sieht, kann man sich kaum vorstellen, dass sie im obersten Stock eines Mehrfamilienhauses wohnt. Es gibt keinen Aufzug. Oma muss also jedes Mal, wenn sie nach draußen geht, all die Treppen hinunter und wieder hoch. Oma lebt dort allein, da Omas Mann schon lange gestorben ist. Oma führt ihren Haushalt noch selbstständig, nur zum Putzen kommt inzwischen eine „jüngere Frau" – wie Oma sagt –, weil Oma selbst nicht mehr so gut in die Ecken kommt. Sie ist 68 Jahre alt.

(4) Es ist aber keine Oma, die jeden Tag mit ihren Freundinnen einen Kaffeeklatsch macht und bei den Familienfesten von allen Enkeln ein Küsschen haben will. Obwohl ich mir kaum vorstellen kann, wie sie alles Obst hochschleppt, macht sie doch tatsächlich für die ganze Verwandtschaft die gesamte Marmelade, die wir das Jahr über essen. Der türkische Obsthändler in ihrer Nähe hält immer Früchte für sie zurück, die besonders lecker und günstig sind.

(5) Jetzt wollt ihr wahrscheinlich endlich wissen, wie alt meine Oma eigentlich ist. Gut, dann verrate ich es jetzt: Meine Oma ist 90 Jahre! Ich müsste meine Oma eigentlich Uroma nennen, denn ich bin eine ihrer Urenkeltöchter.

(6) Trotz dieses hohen Alters ist meine Oma im Grunde noch gar nicht pensioniert. Bis zum Alter von 63 Jahren arbeitet sie als Einkäuferin in einem großen Modehaus, das heißt, sie kaufte bei den Großhändlern die neue Ware ein. Und heute geht sie immer noch mit allen Enkeln und Urenkeln einzeln im Frühling und im Herbst los, um ihnen Sachen zum Anziehen zu kaufen. Sie hat einen wirklich guten Geschmack. Sie wird gar nicht müde. Sie geht von einem Geschäft ins nächste. Sie hält durch, bis wir das Richtige gefunden haben. Und meist fragen mich meine Mitschülerinnen, wenn ich die Sachen dann trage, wo ich denn diese „coolen Sachen" gefunden hätte.

TIPP

Jeder Abschnitt (Absatz) eines Textes sollte einen klar erkennbaren eigenen Schwerpunkt setzen.
Schau dir z. B. den zweiten Absatz in Miriams Text an, sein Schwerpunkt ist „die äußere Erscheinung“, „die Eigenschaften“.

2 *a) Fasse in einem Satz zusammen, wie du Miriams Text findest. Was ist ihr gut gelungen?*

Der Text ist verständlich und ______________________________

____

b) Was muss Miriam überarbeiten?

____

____

3 *Miriam will den ersten Satz des zweiten Abschnitts durch die Umstellprobe (▷ S. 26) stilistisch verbessern. Zu welchem Satz rätst du ihr? Kreuze an:*

A ☐ Meine Oma ist äußerlich betrachtet eine ganz normale alte Dame.

B ☐ Äußerlich betrachtet ist meine Oma eine ganz normale alte Dame.

Begründe: ______________________________

4 *a) Markiere im zweiten Abschnitt die Verben. Welches Verb kommt häufig vor?* ______________

b) Miriam hat diesen Abschnitt überarbeitet. Jetzt sieht er folgendermaßen aus:

Sie hat weiße, etwas gewellte Haare und trägt eine Brille, hinter der kleine, verschmitzte Augen hervorschauen, die oft gerötet sind. Ihre weiche, gefleckte Haut liegt ganz locker um ihren Körper. Es wirkt, als hätte sie zu viel Haut. Gekleidet ist sie meist mit einer gebügelten Stoffhose und einer Bluse. Sie geht leicht gekrümmt, aber ohne Stock.

Vergleiche Überarbeitung und Entwurf. Halte die Unterschiede fest, indem du die folgenden Sätze ergänzt:

Miriam hat das Verb „haben“ __________ Mal durch verschiedene andere ausdrucksstarke Verben ersetzt.

Miriam hat den Satzbau verändert. Sie hat __________ neue Sätze formuliert.

TIPP

In den Gebrauch von **Nomen** bringst du **Abwechslung**, indem du
- ☐ einige Nomen durch Pronomen ersetzt, z. B.: „er“ für „der Enkel“;
- ☐ andere Nomen mit der gleichen oder ähnlicher Bedeutung auswählst (Synonyme), z. B.: „Wagen“ statt „Auto“.

5 *Miriam hat im dritten Abschnitt Nomen unterstrichen, die sie gern austauschen möchte. Schreibe Verbesserungen in die Randspalte neben dem dritten Abschnitt.*

6 *a) Unterstreiche, welches Wort in diesem Satz des dritten Abschnitts schlecht gewählt ist: „Sie ist 68 Jahre alt.“*

b) Begründe: ______________________________

7 *Ersetze die Verben, die im vierten Abschnitt unterstrichen sind, in der Randspalte durch aussagekräftigere Verben.*

TIPP

Beginnen deine Sätze zu oft gleich? Sind sie zu ähnlich gebaut? Dann liest sich dein Text langweilig. So erreichst du einen **abwechslungsreichen Satzbau:**

- ☐ Wende die Umstellprobe an (▷ S. 26) und stelle Wörter oder Satzteile um.
- ☐ Verbinde Sätze, indem du Satzreihen oder Satzgefüge (▷ S. 29–40) bildest.

8 *Der Satzbau des vierten Abschnitts ist Miriam sehr abwechslungsreich gelungen. Schau dir genau an, wie sie ihre Sätze gebaut hat, und notiere, wie sich die Satzreihen oder -gefüge (▷ S. 29–40) zusammensetzen.*

HS - NS (Relativsatz).

9 *a) Lies den sechsten Abschnitt noch einmal und markiere im Text, was dir nicht gelungen erscheint.*
b) Überarbeite den Abschnitt: Wo du einzelne Wörter verbessern möchtest, schreibst du diese in die Randspalte.
c) Wenn du ganze Sätze verbessern möchtest, schreibe sie auf die folgenden Schreiblinien.

____

____

____

____

*d) Schau dir deine Überarbeitung an: Welche Fehlertypen hast du gefunden? Die nachfolgenden roten Fehlerzeichen kennst du sicher aus deinen eigenen Klassenarbeiten. Kreuze an, welche **Fehlertypen** Miriam gemacht hat:*

- ☐ logischer Fehler/Denkfehler *(D)*
- ☐ misslungener Satz zu Beginn eines Abschnitts *(1. S)*
- ☐ Wortwiederholungen *(Wdh)*
- ☐ aussageschwache oder unpassende Wörter *(W)*
- ☐ monotoner oder falscher Satzbau *(Sb)*
- ☐ Tempusfehler *(T)*

10 *Überarbeite nun deinen eigenen Textentwurf (S. 3 Aufgabe 2b): Hast du die Person deiner Wahl anschaulich und interessant beschrieben?*
a) Lies den Merkkasten auf Seite 4 noch einmal durch und prüfe deinen Textentwurf: Was ist dir gut gelungen?

____

____

Woran musst du noch arbeiten? _______________

b) Unterstreiche in deinem Textentwurf Wörter oder Sätze, die du überarbeiten möchtest. Verbessere sie anschließend am Rand deines Heftes. Die Hinweise und Tipps auf den Seiten 4–5 werden dir dabei helfen.
c) Untersuche, zu welchem Typ deine Fehler gehören. Schreibe die Abkürzung (s.o.) jeweils an den Rand.
d) Zähle nach: Welche Schwächen gibt es in deinem Text besonders häufig? Daran solltest du gezielt arbeiten.

TIPP

Je öfter und gründlicher du deine eigenen Texte überarbeitest, desto besser kennst du deine persönlichen Schwachpunkte. Daran kannst du gezielt arbeiten und dich stetig verbessern. Die Mühe lohnt sich!

TIPP

Um weniger Rechtschreibfehler zu machen, musst du deine **Fehlerschwerpunkte analysieren.**
Dann kannst du dich beim Überarbeiten auf deine Fehler konzentrieren und anschließend gezielt üben.

11 *a) Paul stellt das Hobby seines Großvaters vor. Markiere im folgenden Textauszug die Rechtschreibfehler.*

VORSICHT FEHLER!

Opas tolles Hobby

Mein Opa hat sich seit seiner Pansionierung ganz auf Sterne spetzialisiert. Er hat ein Fernror mit Stativ auf seinem Flachdach stehen. Mit einer Leiter klettert er mühsam vom Balkon aus nach Oben. Meine Oma hat schon vor Jahren beschlossen, einfach nicht zu zu schauen, wenn er sich wackelich nach oben schiebt. Dann sitzt er oft stundenlang und beobachtet alles, was er am Himmel erkennen kann. Seid ich auch nach oben kletern darf, weiss ich erst, wie interessant Sterne sind. Opa kann mir genau erklähren, wie alt welche Sterne sind und we-lche eigentlich schon erloschen sind. Bei den Planeten lassen sich – dank Opas Fernrohr – sogar Struckturen auf der Oberfläche erkennen. Ich kann mir gut vorstellen, dass dort fremde Wehsen haußen und das da oben erstaunliches pasiert. Opa allerdings hält nichts von meinen Geschichten über Außerirdische.

b) In der nachfolgenden Tabelle findest du die Fehlerschwerpunkte im Bereich der Rechtschreibung. Kopiere diese Tabelle für spätere Überarbeitungen anderer Texte mehrfach. Trage die Wörter korrigiert in die richtige Zeile der Tabelle ein.

c) Rechne abschließend aus: Welche Fehler macht Paul am häufigsten? Umkreise die drei Fehlerschwerpunkte.

Fehlerschwerpunkt	Korrigierte Wörter	Häufigkeit
Groß- und Kleinschreibung (Übungen s. S. 46–52)		
Getrennt- und Zusammenschreibung (s. S. 54–57)		
Fremdwörter (s. S. 59–61)		
Silbentrennung (s. S. 62)		
Kurze Vokale (s. S. 64–65)		
Lange Vokale (s. S. 66–70)		
s-Laute/das/dass (s. S. 71–73)		
Ähnlich oder gleich klingende Laute (d-t, g-k, f-v ...)		

12 *a) Korrigiere nun deinen eigenen Textentwurf (S. 3 Aufgabe 2 b). Trage die korrigierten Fehlerwörter in die kopierte Tabelle ein.*

b) Werte die Tabelle aus und schreibe drei eigene Fehlerschwerpunkte auf, an denen du arbeiten möchtest. Die Seitenverweise in der linken Spalte der Tabelle geben an, wo du in diesem Arbeitsheft passende Übungen findest, um an deinen persönlichen Fehlerschwerpunkten zu arbeiten.

Sachlich berichten

!

Beim sachlichen Berichten will man **über ein Ereignis möglichst knapp, aber genau informieren.** Damit das gelingt, solltest du Folgendes beachten:

- Konzentriere dich auf das **Wesentliche,** lasse Nebensächliches weg.
- Beantworte die **W-Fragen,** die für das Verständnis des Ereignisses von Bedeutung sind: Wer? Was? Wo? Wann? Wie? Warum? Mit welchen Folgen?
- Ereignisse werden in der **Reihenfolge** wiedergegeben, in der sie tatsächlich stattgefunden haben.
- Berichte über **Tatsachen.** Vermutungen, Gefühle und Wertungen gehören nicht in einen Bericht.
- Die übliche Form der **Redewiedergabe** im Bericht ist die **indirekte,** Zitate werden sparsam verwendet.
- Tempus ist das **Präteritum.** Geschah etwas zeitlich noch vor dem berichteten Ereignis, verwendest du das **Plusquamperfekt.**

Die Schülervertretung des St.-Angela-Gymnasiums plant einen Aktionstag zum Thema „Alle Kinder haben Rechte". Hannah will sich dafür über den Weltkindergipfel der Vereinten Nationen (UN – United Nations) informieren; sie recherchiert im Internet unter der Adresse: www.weltkindergipfel.de.

1 *Hannah hat Angaben zum Weltkindergipfel zusammengetragen.*
a) Lies ihre Auflistung. Wenn du zu einzelnen Begriffen mehr wissen willst, schlage in einem Lexikon nach.
b) Markiere Informationen, die die W-Fragen beantworten: Notiere die entsprechende W-Frage am Rand.

Weltkindergipfel 2002 in New York

Eingeladen:
- Regierungen aller Mitgliedsländer der UN
- Nicht-Regierungsorganisationen, die sich für Kinderrechte einsetzen
- Kinder und Jugendliche aus allen Mitgliedsländern der UN

Thema:
Kinderrechte: Voraussetzungen für gute Entwicklungschancen für alle Kinder

Ablauf:
5.–7. 5. Kinderforum (Kinder und Jugendliche bis 18 Jahre diskutieren und entwerfen einen Appell an die Politiker)
8.–10. 5. UN-Konferenz der Regierungschefs
8. 5. Präsentation der Ergebnisse des Kinderforums vor der UN-Konferenz
8.–10. 5. Diskussionsrunden mit Kindern und Politikern zu unterschiedlichen Themenbereichen der Kinderrechtskonvention (Gesundheit/Aids, Bildung, Missbrauch, Gewalt)
10. 5. Abstimmung über das Abschlussdokument „World fit for children", das alle Länder umsetzen sollen

!

Bei der **indirekten Rede** macht man deutlich, dass eine Äußerung nicht von einem selbst stammt. In einem einleitenden Hauptsatz wird gesagt, wessen Äußerung wiedergegeben wird. Die Wiedergabe der Äußerung steht dann in einem Inhaltssatz (▷ S. 37–39):

- in einem **dass-Satz,** z. B.: „Der UNO-Generalsekretär mahnte, dass niemand aidskranke Kinder wie Hunde behandeln soll." Das Prädikat kann hier auch im *Konjunktiv* stehen (▷ S. 19): „... *solle.*"
- in einem **uneingeleiteten Nebensatz** im *Konjunktiv* (▷ S. 20), z. B.: „Der UNO-Generalsekretär mahnte, niemand *solle* aidskranke Kinder wie Hunde behandeln."

Beachte: Bei der Wiedergabe in indirekter Rede ändern sich die **Pronomen** im Satz: Aus „ich" wird „er" oder „sie", z. B. „*Ich* bin davon überzeugt." – „Sie beteuert, *sie* sei davon überzeugt."

2 *An dieser UN-Konferenz durften erstmals Kinder und Jugendliche teilnehmen.*
a) Lies die folgenden Redebeiträge.
b) Gib die wörtlich zitierten Äußerungen der Kinder in deinem Heft in indirekter Rede wieder. Nutze beide Möglichkeiten der indirekten Redewiedergabe. Bemühe dich im Redebegleitsatz um passende und unterschiedliche Verben aus dem Wortfeld „sagen".

Arshela (16) aus Pakistan *Audrey (17) aus Monaco* *Gabriela (13) aus Bolivien* *Laura (16) aus Kanada* *Alexandru (16) aus Rumänien*

3 *Die folgenden Textauszüge geben einige Aspekte der Gespräche der Kinder und Beschlüsse der Konferenz wieder. Lies die Texte und markiere Informationen, die dir berichtenswert erscheinen.*

Konstantin (deutscher Delegierter, 16 Jahre) im Interview: „Zu Beginn haben die Kinder-Delegierten versucht, sich vorzustellen und miteinander bekannt zu machen. War nicht ganz so leicht, es gab schon Sprachschwierigkeiten. Die Begegnung mit den Kids aus verschiedensten Regionen und Kulturkreisen hat uns einen völlig neuen Blick auf die Probleme der Welt gegeben."

Forderungen der Kinder (Auszug):
- Alle Kinder sollen geschützt werden gegen Missbrauch, Ausbeutung, Gewalt.
- Medikamente und Behandlungen sollen für alle Kinder erschwinglich sein.
- Jedes Kind hat ein Recht auf Schulbildung.
- Kämpft gegen Armut, Kriege und für die Umwelt.
- Kinder haben ein Recht auf Mitbestimmung.

Aus dem Abschlussdokument der UN-Konferenz: „World fit for children":
Die Zahl der Kinder, die nicht älter als fünf Jahre werden, soll mindestens um ein Drittel reduziert werden.
Mädchen und Jungen sollen bis 2005 die gleichen Chancen auf Bildung haben.
Neun von zehn Kindern sollen im Jahr 2010 in die Schule gehen können.
Übertragung von Aids von Müttern auf ihre Kinder soll durch medizinische Versorgung um 75 % verringert werden.

Aus dem Appell der Kinder an die Staatschefs:
„Wir sind Kinder dieser Welt. Wir sind Kinder, deren Stimmen nicht gehört werden. Ihr nennt uns die Zukunft. Wir sind aber auch die Gegenwart."

4 *Verfasse anhand der Informationen auf den Seiten 8 und 9 einen Bericht über den Weltkindergipfel.*
a) Bereite deinen Bericht vor: Streiche am Rand aller Texte an, worüber du ausführlich berichten willst. Berücksichtige auch deine für Aufgabe 2 umformulierten indirekten Redebeiträge.
b) Nummeriere die Informationen in der Reihenfolge, die sie in deinem Bericht einnehmen sollen. Was ist wirklich wichtig? Überlege, welche Sachverhalte die Leserin oder den Leser besonders interessieren werden oder welche für das Ereignis bedeutsam sind. Gehe darauf genauer ein als auf andere.
c) Schreibe den vollständigen Bericht in dein Heft.

Beschreiben

Der **Anlass und der Zweck einer Beschreibung** entscheiden darüber, welche Angaben gemacht werden und welcher Schreibstil angemessen ist:
- sachlich, nüchtern (z. B. Vermisstenanzeige) oder
- eher ausschmückend und gefühlvoll (z. B. Brief an einen Freund, Tagebucheintrag).

Beim Beschreiben von Personen, Bildern, Gegenständen oder Vorgängen kommt es auf die **Genauigkeit** an. Jemand, der das Beschriebene nicht sieht, muss so präzise informiert werden, dass er es sich vorstellen kann. **Wesentliche Merkmale** sollten deshalb in **sinnvoll geordneter Reihenfolge** (vom Auffallenden zu Details, vom Allgemeinen zum Besonderen) beschrieben werden. Bei der **Wortwahl** solltest du auf **Anschaulichkeit** achten (treffende Adjektive, Vergleiche, abwechslungsreiche Verben). Tempus der Beschreibung ist das **Präsens.**

Personen beschreiben
- Nenne in der **Einleitung** den **Anlass** deiner Beschreibung.
- Im **Hauptteil** werden vor allem die **äußeren Kennzeichen** der Person detailliert beschrieben. Dazu gehören Angaben zu Geschlecht, Alter, Gestalt, Gesicht, Bekleidung und besondere Merkmale. Ordne deine Beobachtungen: Eine Person kann z. B. von oben nach unten beschrieben werden oder vom Gesamtbild ausgehend hin zu Einzelheiten.
- Zum **Schluss** kannst du Angaben darüber machen, welche **Wirkung** die Person auf dich hat.

Je nach Anlass (Vermisstenanzeige, polizeiliche Fahndung) genügt der Hauptteil.

Indien ist faszinierend

1 *Beschreibe die indische Frau, die du auf dem Foto rechts siehst.*
a) Unterstreiche für den Hauptteil der Beschreibung zunächst möglichst viele passende Adjektive, Partizipien und Nomen:

Gesichtsform: länglich, rundlich, oval, kantig, schmal
Stirn: flach, gewölbt, hoch, niedrig
Wangen: eingefallen, pausbäckig, blass, gerötet
Kinn: spitz, markant, rund, vorgeschoben, fliehend, eckig
Nase: schmal, breit, kurz, lang, gerade, krumm, Stupsnase
Augen und Augenausdruck: eng beieinander, strahlend, blau, blinzelnd, traurig, freundlich, geschminkt, dunkel
Augenbrauen: buschig, dunkel, geschwungen, gezupft, dicht
Mund und Lippen: schmal, zusammengepresst, geschminkt, voll, geschwungen, geöffnet
Mundwinkel und Ausdruck: herabgezogen, verschmitzt, lächelnd, schmollend, verkniffen
Haare: schulterlang, kurz, stoppelig, drahtig, seidig, gelockt, hochgesteckt, fein, dunkel, hellblond, gescheitelt, gefärbt
Besondere Merkmale: Narben, Zeichen, Muttermale, Schmuck
Figur und Körperhaltung: groß, schlank, korpulent, sportlich, dünn, klein, untersetzt, aufrecht, gekrümmt
Kleidung: lässig, elegant, ordentlich, geschmückt, traditionell, heruntergekommen, modern, hochwertig, bunt

b) Beschreibe für unterschiedliche Leser. Wähle einen Anlass aus und überlege, welche Informationen erforderlich sind:
__Anlass A:__ Du hast diese Figur in einem indischen Film gesehen und willst deiner Freundin oder deinem Freund eine möglichst genaue Vorstellung von ihr vermitteln.
__Anlass B:__ Diese Frau hast du flüchtig am Flughafen mit einem Koffer gesehen, der nun verlassen am Schalter steht. Du beschreibst sie dem Flughafenpersonal für eine Durchsage kurz schriftlich.

c) Welcher Schreibstil ist für den von dir gewählten Anlass geeignet? ______________________

Gegenstände beschreiben – Funktionen erklären
Wenn du einen Gegenstand beschreibst, gehst du auf die äußere **Form,** das **Material,** die **Farbe** und die **Eigenschaften** ein. Willst du z. B. ein technisches Gerät beschreiben, so gib an, wozu es dient, aus welchen Teilen es besteht und wie es funktioniert (vgl. Gebrauchsanleitungen).

Die Rikscha – ein umweltfreundliches Gefährt

2 *Auf dem folgenden Foto siehst du eine Rikscha, die im Straßenverkehr ostasiatischer Länder (z. B. Indien) sehr häufig zu sehen ist. Aber auch in deutschen Großstädten sieht man das Gefährt, z. B. bei Stadtbesichtigungen.*

a) Lege in deinem Heft eine Tabelle mit fünf Spalten zu den Oberbegriffen „Teil(e)", „Material", „Eigenschaft", „Form" und „Farben" an. Die folgenden Wörter kannst du beim Beschreiben der Rikscha nutzen. Ordne sie den Oberbegriffen zu und trage sie in deine Tabelle ein.

Aluminium – Räder – Deichsel – Stoff – gerade
Dynamo – verziert – Gummi – Lenker
Stahl – schwarz – Aufbau – Kunststoff – breit
Pedale – gemustert – Handbremse – Kette
Lampe – golden – Nabe – Sattel – Zahnrad
poliert – Markise – Speichen – gebogen
silbern – rot – Schutzblech – Sitz – glänzend
Stange – Klingel – lackiert – blau – gepolstert

*b) Beschreibe die Rikscha und erkläre ihre Funktion mit Hilfe der geordneten Wörter ausführlich in deinem Heft. Achte darauf, dass manche Bestandteile der Rikscha zugleich in ihrem Aussehen beschrieben und in ihrer Funktion erklärt werden müssen, z. B.: „Die Schutzbleche sind aus glänzendem **Aluminium** (Aussehen). **Aluminium** wird verwendet, weil es leicht ist (Funktion)."*

Indische Stockpuppen – ein beliebtes Reiseandenken

3 *a) Rechts siehst du eine Stockpuppe. Notiere in Stichworten auffällige Besonderheiten.*

Körper/Gestalt: ____________________

____

Ausstattung: ____________________

____

Farben und Muster: ____________________

____

b) Beschreibe die Stockpuppe genau. Arbeite in deinem Heft.

Bilder beschreiben
Die Bildbeschreibung ist sachlich und wird im **Präsens** geschrieben.
- In der **Einleitung** machst du **Angaben zum Bild:** Titel, Künstler/-in, Entstehungsjahr, Technik und Format des Bildes.
- Bei der Bildbeschreibung im **Hauptteil** gehst du vom **Gesamteindruck** aus:
  - Benenne zuerst den **Bildgegenstand** (Hauptmotiv) und gehe erst dann zu den **Einzelheiten** über.
  - Gehe beim Beschreiben des **Bildaufbaus** geordnet vor, ohne zu springen, z. B. von links nach rechts, von oben nach unten oder vom Vordergrund über den Mittelgrund zum Hintergrund.
  - Schließlich kannst du noch die Gestaltungsmittel untersuchen (Farbe, Malstil, Lichtwirkung, Raumgestaltung, wichtige Formen und Linien).
- Fasse am **Schluss** zusammen, wie das Bild auf dich **wirkt.**

Die Schlangenbeschwörerin

4 *a) Sieh dir das folgende Bild genau an und lass es auf dich wirken.*
b) Notiere zur Vorbereitung der Beschreibung als Erstes in Stichworten folgende Angaben:

Unbekannter Künstler: „Schlangenbeschwörerin", Miniatur (19 x 12 cm) aus Bundi (Indien), 1. Hälfte des 17. Jahrhunderts

Bildgegenstand oder Thema:

____

Figur (Aussehen, Haltung, Merkmale):

____

____

Tiere (Arten, Anzahl, Merkmale):

____

____

____

Natur (Elemente, Pflanzen usw.):

____

____

Stimmung, Gesamtwirkung:

____

____

5 *Wo im (Bild-)Raum befindet sich was? Notiere deine Feststellungen.*

Vordergrund: ______________________

Mittelgrund: ______________________

Hintergrund: ______________________

6 *a) In der Abbildung sind eine Kompositionslinie und eine ovale Form eingezeichnet. Ergänze – möglichst sparsam – weitere Kompositionslinien und Formen. Achte darauf, was im Bild wirklich wichtig ist.*
b) Werte deine Kompositionslinien und Formen aus: Was liegt genau im Mittelpunkt des Bildes? Notiere:

____

c) Umkreise diejenigen der folgenden Wörter, die die Anordnung und Wirkung der Kompositionslinien und Formen treffend kennzeichnen:

hart · oval · quadratisch · spitz · vertikal
symmetrisch · dreieckig · diagonal · weich · rund
gewellt · gebogen · horizontal · rechteckig

7 *Wie sind die Farben im Bild auf Seite 12 eingesetzt?*
a) Male die Abbildung rechts dem Vorbild folgend grobflächig in den Hauptfarben Blau, Grün, Rosa (als Ersatz auch Rot) und Gelb aus.
b) Trage ein, welche Gegenstände oder Figuren diese Hauptfarben haben und wo im Bild sie vorkommen.

Blau: ______________________

____

Grün: ______________________

____

Rosa: ______________________

____

Gelb: ______________________

____

8 *Du hast das Bild sehr genau untersucht. Du weißt, was alles abgebildet ist und wie das Hauptmotiv (der Bildgegenstand) in Formen und Farben umgesetzt wurde. Beschreibe das Bild auf Seite 12 mit Hilfe deiner Ergebnisse ausführlich in deinem Heft. Vergiss die Angaben im Einleitungsteil nicht!*

Vorgänge beschreiben und erklären
Vorgangsbeschreibungen wie sportliche Übungen, Bastelanleitungen oder Rezepte lassen sich nach bestimmten Regeln wiederholen. Eine Beschreibung muss so verfasst sein, dass man sich den Vorgang vorstellen und ihn selbst wiederholen kann.

- Gib die einzelnen Schritte **in der richtigen Reihenfolge, genau** und **vollständig** wieder.
- Beschreibe knapp und sachlich und erkläre den Vorgang.
- **Fachbegriffe,** die nicht jedem verständlich sind, musst du kurz **erläutern.**
- Tempus ist das **Präsens,** das hier das Immer-wieder oder Zu-jeder-Zeit ausdrücken soll.
- Verben und adverbiale Bestimmungen helfen, alles genau zu beschreiben.

Bharatanatyam – indischer Tempeltanz

9 *In der folgenden Einleitung zur Beschreibung des indischen Tanzes ist einiges durcheinandergeraten:*
a) Markiere die Schlüsselwörter der einzelnen Sätze.
b) Bringe die Sätze durch Nummerieren in eine sinnvolle Reihenfolge, die markierten Schlüsselwörter helfen dir dabei.

_____ Der Tanz ist eine heilige Handlung.

_____ Im Tanz werden Gefühle dargestellt.

_____ Mit dem Tanz werden die Gottheiten verehrt.

_____ Die Tänzerinnen erhielten im Tempel ihre Ausbildung.

_____ Der Tanz hat viele festgelegte Körperhaltungen, Bewegungen und Schrittfolgen.

_____ Die Tänzerinnen haben Halsketten, Hüftgürtel, Armringe und Fußglöckchen.

_____ Die Tänzerinnen haben einen verzierten Seidensari, der sich bei Bewegungen fächerartig öffnet.

_____ Die Tänzerinnen haben auf den Handflächen und Fußsohlen Glück verheißende Symbole.

_____ Der Tanz hat unterschiedliche bedeutsame Gesten und eine ausgeprägte Mimik.

_____ Der Tanz hat eine jahrtausendealte Tradition in Indien.

_____ Bei Aufführungen haben die Tänzerinnen traditionellen Brautschmuck.

_____ Der Tanz wurde in Tempeln aufgeführt.

_____ Die Tänzerinnen wurden mit der Tempelgottheit vermählt.

c) Unterstreiche in den vorangegangenen Sätzen alle Nomen und Verben, die mehrfach wiederholt werden.
d) Schreibe in dein Heft unter Verwendung der vorangegangenen Sätze in der richtigen Reihenfolge eine Einleitung zur Vorgangsbeschreibung „Indischer Tempeltanz". Verbessere die Sätze.
Vermeide Wiederholungen. Nutze an geeigneter Stelle:

- *synonyme Verben, z.B.: „besitzen", „gehören", „tragen", „schmücken", „bemalen", „tanzen"*
- *Pronomen oder synonyme Nomen, z.B.: „er", „sie", „ihre", „diese", „junge Frauen", „beim Tanzen"*

TIPP

Um abwechslungsreicher zu schreiben, kannst du Sätze umstellen oder/und kürzen. Nutze an geeigneter Stelle Konjunktionen, um Sätze zu verknüpfen, z. B.: „deshalb", „außerdem", „weil", „schließlich", „denn", „auch", „und" oder „sowie".

Deutschbuch

Arbeitsheft

Neue Ausgabe

Lösungen 7

Seite 5

2 a) *Der Text ist verständlich und interessant, logisch richtig und sinnvoll gegliedert.*
b) *Miriam sollte mehr Abwechslung in den Satzbau und den Wortschatz bringen.*

3 *B; Begründung: In diesem Abschnitt geht es um die äußeren Merkmale der Oma. Das wird durch die hervorgehobene Stellung am Satzanfang betont.*

4 a) *Das Verb „haben" kommt häufig vor (sieben Mal).*
b) *Miriam hat das Verb „haben" fünf Mal durch verschiedene andere ausdrucksstarke Verben ersetzt. Sie hat vier neue Sätze formuliert.*

5 *[…] Es gibt keinen Aufzug. Sie muss also jedes Mal, wenn sie nach draußen geht, all die Treppen hinunter und wieder hoch. Meine Großmutter lebt dort allein, da ihr Mann schon lange gestorben ist. Sie führt ihren Haushalt noch selbstständig, nur zum Putzen kommt inzwischen eine „jüngere Frau" – wie Oma sagt –, weil sie selbst nicht mehr so gut in die Ecken kommt. […]*

6 a) *„Sie ist 68 Jahre alt."*
b) *Begründung: Das Pronomen ist missverständlich, da es sich auf die Oma oder ihre Putzhilfe beziehen kann.*

7 *Es ist aber keine Oma, die jeden Tag mit ihren Freundinnen einen Kaffeeklatsch veranstaltet und bei den Familienfesten von allen Enkeln ein Küsschen haben will. Obwohl ich mir kaum vorstellen kann, wie sie alles Obst hochschleppt, kocht sie doch tatsächlich für die ganze Verwandtschaft die gesamte Marmelade ein, die wir das Jahr über essen. […]*

Seite 6

8 *HS – NS (Relativsatz); NS (Adverbialsatz) – NS (Adverbialsatz) – HS – NS (Relativsatz); HS – NS (Relativsatz)*

9 a) *Trotz dieses hohen Alters ist meine Oma im Grunde noch gar nicht pensioniert. Bis zum Alter von 63 Jahren arbeitet sie als Einkäuferin in einem großen Modehaus, das heißt, sie kaufte bei den Großhändlern die neue Ware ein. Und heute geht sie immer noch mit allen Enkeln und Urenkeln einzeln im Frühling und im Herbst los, um ihnen Sachen zum Anziehen zu kaufen. Sie hat einen wirklich guten Geschmack. Sie wird gar nicht müde. Sie geht von einem Geschäft ins nächste. Sie hält durch, bis wir das Richtige gefunden haben. Und meist fragen mich meine Mitschülerinnen, wenn ich die Sachen dann trage, wo ich denn diese „coolen Sachen" gefunden hätte.*
b) *arbeitet → arbeitete, Sachen zum Anziehen → Kleidung, die Sachen → Hosen und Pullover, „coolen Sachen" → „coolen Klamotten"*
c) *Sie hat einen wirklich guten Geschmack und wird gar nicht müde, von einem Geschäft ins nächste zu gehen, bis wir das Richtige gefunden haben.*

d) *Wortwiederholungen – aussageschwache oder unpassende Wörter – monotoner oder falscher Satzbau – Tempusfehler*

Seite 7

11 a) *Mein Opa hat sich seit seiner Pansionierung ganz auf Sterne spetzialisiert. Er hat ein Fernror mit Stativ auf seinem Flachdach stehen. Mit einer Leiter klettert er mühsam vom Balkon aus nach Oben. Meine Oma hat schon vor Jahren beschlossen, einfach nicht zu zu schauen, wenn er sich wackelich nach oben schiebt. Dann sitzt er oft stundenlang und beobachtet alles, was er am Himmel erkennen kann. Seid ich auch nach oben kletern darf, weiss ich erst, wie interessant Sterne sind. Opa kann mir genau erklähren, wie alt wel-che Sterne sind und welche eigentlich schon erloschen sind. Bei den Planeten lassen sich – dank Opas Fernrohr – sogar Struckturen auf der Oberfläche erkennen. Ich kann mir gut vorstellen, dass dort fremde Wehsen haußen und das da oben erstaunliches pasiert. Opa allerdings hält nichts von meinen Geschichten über Außerirdische.*

12

Fehlerschwerpunkt Rechtschreibung	*Korrigierte Wörter*	*Häufigkeit*
Groß- und Kleinschreibung (Übungen s. S. 46–52)	*nach oben, Erstaunliches*	*II*
Getrennt- und Zusammenschreibung (s. S. 54–57)	*zuzuschauen*	*I*
Fremdwörter (s. S. 59–61)	*Pensionierung, spezialisiert, Strukturen*	*(III)*
Silbentrennung (s. S. 62)	*welche*	*I*
Kurze Vokale (s. S. 64/65)	*klettern*	*I*
Lange Vokale (s. S. 66–70)	*Fernrohr, erklären, Wesen*	*(III)*
s-Laute/das/dass (s. S. 71–73)	*weiß, hausen, dass, passiert*	*(IIII)*
Ähnlich oder gleich klingende Laute (d-t, g-k, …)	*wackelig, Seit*	*II*

Seite 8

1 b) *Weltkindergipfel 2002 in New York* — *Was? Wann? Wo?*

Eingeladen:

- *Regierungen aller Mitgliedsländer der UN* — *Wer?*
- *Nicht-Regierungsorganisationen, die sich für Kinderrechte einsetzen* — *Wer?*
- *Kinder und Jugendliche aus allen Mitgliedsländern der UN* — *Wer?*

Thema: *Kinderrechte: Voraussetzungen für gute Entwicklungschancen für alle Kinder* — *Was?*

Punkteverteilung

Nr.	Aufgabenstellung	Punkte	erreichte Punkte
A 1	Wer betrügt?	1 Punkt für das richtig gesetzte Kreuz	
A 2	Lehre	3 (einer für die richtige Antwort, zwei für die Begründung)	
A 3	Eigenschaften	3 (je ½ Punkt für das richtig gesetzte Kreuz)	
A 4	Strafe	3 Punkte für das richtig gesetzte Kreuz	
A 5	Satzbedeutung	2 Punkte für das richtig gesetzte Kreuz	
A 6a	bildhafter Ausdruck	3 Punkte für die richtige Antwort	
A 6b	Fachbegriff	1 Punkt für das richtig gesetzte Kreuz	
A 7	Grafik: Spannungsverlauf	3 (einer für die richtige Antwort, zwei für die Begründung)	
A 8	Sprichwort	2 (einer für die richtige Antwort, einer für die Begründung)	
A 9	Textsorte	3 (einer für die richtige Antwort, zwei für die Begründung)	
A 10	Richtig – Falsch	6 (je 1 Punkt für das richtig gesetzte Kreuz)	
A 11	Satzbedeutung	2 Punkte für die richtige Antwort	
A 12	schwerer Fall von Betrug	3 Punkte für das richtig gesetzte Kreuz	
	Textverstehen: gesamt	35	
B 13	indirekte Rede	6 (je 1 Punkt für einen richtig umformulierten Satz)	
B 14	a) Aktivsätze	1,5 (je ½ Punkt für den richtig unterstrichenen Satz)	
	b) Subjekte	1,5 (je ½ Punkt für das richtig umkreiste Subjekt)	
	c) Passivsätze	2 (je 1 Punkt für den richtigen Satz)	
	d) Wirkung	1 Punkt für das richtig gesetzte Kreuz	
B 15	Passivform	2 Punkte für das richtig gesetzte Kreuz	
B 16	Gliedsätze	6 (je richtig eingesetzter Ziffer: 1 Punkt)	
C 17	Rechtschreibung	10 (je entdecktem Fehler: ½ Punkt)	
	Nachdenken über Sprache: gesamt	30	
D 18	Schreiben	25 (Verteilung: siehe Hinweise im Lösungsteil)	
	Schreiben: gesamt	25	
	Summe	90	

Bewertungsschlüssel

Textverstehen	35–27 Punkte	26–18 Punkte	17–0 Punkte
Nachdenken über Sprache	30–21 Punkte	20–14 Punkte	13–0 Punkte
Schreiben	25–18 Punkte	17–12 Punkte	11–0 Punkte
	Du löst die Aufgaben hervorragend.	**Einiges gelingt dir recht gut, manches musst du aber noch einmal üben.**	**Du musst vieles wiederholen und noch einmal gründlich üben.**
	Vielleicht siehst du dir aber trotzdem noch einmal die Stellen an, an denen du dich noch verbessern kannst.	*Versuche anhand des Tests Fehlerschwerpunkte zu entdecken, damit du gezielt wiederholen kannst.*	*Vielleicht überlegst du auch gemeinsam mit deinen Eltern oder deinem Lehrer/deiner Lehrerin, wo besondere Fehlerschwerpunkte liegen und wie du vorgehen kannst, um dich zu verbessern.*

P 9612261/06

Deutschbuch
Arbeitsheft

Neue Ausgabe

Lösungen 7

Seite 5

2 a) *Der Text ist verständlich und interessant, logisch richtig und sinnvoll gegliedert.*
b) *Miriam sollte mehr Abwechslung in den Satzbau und den Wortschatz bringen.*

3 *B; Begründung: In diesem Abschnitt geht es um die äußeren Merkmale der Oma. Das wird durch die hervorgehobene Stellung am Satzanfang betont.*

4 a) *Das Verb „haben" kommt häufig vor (sieben Mal).*
b) *Miriam hat das Verb „haben" fünf Mal durch verschiedene andere ausdrucksstarke Verben ersetzt.*
Sie hat vier neue Sätze formuliert.

5 *[...] Es gibt keinen Aufzug. Sie muss also jedes Mal, wenn sie nach draußen geht, all die Treppen hinunter und wieder hoch. Meine Großmutter lebt dort allein, da ihr Mann schon lange gestorben ist. Sie führt ihren Haushalt noch selbstständig, nur zum Putzen kommt inzwischen eine „jüngere Frau" – wie Oma sagt –, weil sie selbst nicht mehr so gut in die Ecken kommt. [...]*

6 a) *„Sie ist 68 Jahre alt."*
b) *Begründung: Das Pronomen ist missverständlich, da es sich auf die Oma oder ihre Putzhilfe beziehen kann.*

7 *Es ist aber keine Oma, die jeden Tag mit ihren Freundinnen einen Kaffeeklatsch veranstaltet und bei den Familienfesten von allen Enkeln ein Küsschen haben will. Obwohl ich mir kaum vorstellen kann, wie sie alles Obst hochschleppt, kocht sie doch tatsächlich für die ganze Verwandtschaft die gesamte Marmelade ein, die wir das Jahr über essen. [...]*

Seite 6

8 *HS – NS (Relativsatz); NS (Adverbialsatz) – NS (Adverbialsatz) – HS – NS (Relativsatz); HS – NS (Relativsatz)*

9 a) *Trotz dieses hohen Alters ist meine Oma im Grunde noch gar nicht pensioniert. Bis zum Alter von 63 Jahren arbeitet sie als Einkäuferin in einem großen Modehaus, das heißt, sie kaufte bei den Großhändlern die neue Ware ein. Und heute geht sie immer noch mit allen Enkeln und Urenkeln einzeln im Frühling und im Herbst los, um ihnen Sachen zum Anziehen zu kaufen. Sie hat einen wirklich guten Geschmack. Sie wird gar nicht müde. Sie geht von einem Geschäft ins nächste. Sie hält durch, bis wir das Richtige gefunden haben. Und meist fragen mich meine Mitschülerinnen, wenn ich die Sachen dann trage, wo ich denn diese „coolen Sachen" gefunden hätte.*
b) *arbeitet → arbeitete, Sachen zum Anziehen → Kleidung, die Sachen → Hosen und Pullover, „coolen Sachen" → „coolen Klamotten"*
c) *Sie hat einen wirklich guten Geschmack und wird gar nicht müde, von einem Geschäft ins nächste zu gehen, bis wir das Richtige gefunden haben.*

d) *Wortwiederholungen – aussageschwache oder unpassende Wörter – monotoner oder falscher Satzbau – Tempusfehler*

Seite 7

11 a) *Mein Opa hat sich seit seiner Pansionierung ganz auf Sterne spetzialisiert. Er hat ein Fernror mit Stativ auf seinem Flachdach stehen. Mit einer Leiter klettert er mühsam vom Balkon aus nach Oben. Meine Oma hat schon vor Jahren beschlossen, einfach nicht zu zu schauen, wenn er sich wackelich nach oben schiebt. Dann sitzt er oft stundenlang und beobachtet alles, was er am Himmel erkennen kann. Seid ich auch nach oben kletern darf, weiss ich erst, wie interessant Sterne sind. Opa kann mir genau erklähren, wie alt wel-che Sterne sind und welche eigentlich schon erloschen sind. Bei den Planeten lassen sich – dank Opas Fernrohr – sogar Struckturen auf der Oberfläche erkennen. Ich kann mir gut vorstellen, dass dort fremde Wehsen haußen und das da oben erstaunliches pasiert. Opa allerdings hält nichts von meinen Geschichten über Außerirdische.*

12

Fehlerschwerpunkt Rechtschreibung	*Korrigierte Wörter*	*Häufigkeit*
Groß- und Kleinschreibung (Übungen s. S. 46–52)	*nach oben, Erstaunliches*	*II*
Getrennt- und Zusammenschreibung (s. S. 54–57)	*zuzuschauen*	*I*
Fremdwörter (s. S. 59–61)	*Pensionierung, spezialisiert, Strukturen*	*(III)*
Silbentrennung (s. S. 62)	*welche*	*I*
Kurze Vokale (s. S. 64/65)	*klettern*	*I*
Lange Vokale (s. S. 66–70)	*Fernrohr, erklären, Wesen*	*(III)*
s-Laute/das/dass (s. S. 71–73)	*weiß, hausen, dass, passiert*	*(IIII)*
Ähnlich oder gleich klingende Laute (d-t, g-k, ...)	*wackelig, Seit*	*II*

Seite 8

1 b) *Weltkindergipfel 2002 in New York* — *Was? Wann? Wo?*

Eingeladen:
- *Regierungen aller Mitgliedsländer der UN* — *Wer?*
- *Nicht-Regierungsorganisationen, die sich für Kinderrechte einsetzen* — *Wer?*
- *Kinder und Jugendliche aus allen Mitgliedsländern der UN* — *Wer?*

***Thema:** Kinderrechte: Voraussetzungen für gute Entwicklungschancen für alle Kinder* — *Was?*

Ablauf: *5.–7. 5. Kinderforum (Kinder und Jugendliche …)*	*Wann? Was? Wer?*
8.–10. 5. UN-Konferenz der Regierungschefs	*Wann? Was? Wer?*
8. 5. Präsentation der Ergebnisse des Kinderforums […]	*Wann? Was? Wer?*
8.–10. 5. Diskussionsrunden mit Kindern und Politikern zu unterschiedlichen Themenbereichen […]	*Wann? Was? Wer?*
10. 5. Abstimmung über das Abschlussdokument „World fit for children“, das alle Länder umsetzen sollen	*Wann? Was? Mit welchen Folgen?*

Seite 9

2 *b) Beispiele:*
Arshela aus Pakistan betont, dass ihr besonders das Schicksal von Kindern am Herzen liege, die zu Kinderarbeit gezwungen werden oder als Kindersoldaten kämpfen müssen.
Audrey aus Monaco ist sich sicher, dass Politiker Kindern erst dann zuhören werden, wenn diese sich zusammenschließen.
Gabriela aus Bolivien fordert, alle Kinder sollten lesen und schreiben können. Sie fügt hinzu, dass ihr Traum eine eigene Schule mit Zweigschulen für Straßenkinder in Lateinamerika sei.
Laura aus Kanada erläutert, sie gehe zu dieser Konferenz, um darauf aufmerksam zu machen, wie viele Mädchen auf der Welt brutal behandelt werden und gar keine Rechte haben.
Alexandru aus Rumänien findet, Kinder seien auf Konferenzen oft nur Statisten. Er äußert den Wunsch, dass er am liebsten gleichberechtigt mit den Politikern diskutieren möchte.

4 *c) Beispiel:*
Der Weltkindergipfel der Vereinten Nationen
Vom 5. bis zum 10. 5. 2002 nahmen in New York Kinder und Jugendliche aus allen Mitgliedsländern der UN am Weltkindergipfel teil. Das Thema des Gipfels lautete: „Kinderrechte: Voraussetzungen für gute Entwicklungschancen für alle Kinder“. Die Kinder und Jugendlichen diskutierten miteinander und mit Politikern über Themen wie Gesundheit, Bildung, Missbrauch und Gewalt. Ein Delegierter aus Deutschland sagte, die Begegnung mit Kindern aus anderen Kulturkreisen habe bei ihm trotz der Sprachschwierigkeiten zu einem neuen Blick auf die Probleme der Welt geführt. Die Kinder forderten ihr Recht auf Schutz, Bildung und Mitbestimmung ein. Diese Forderungen flossen in das Abschlussdokument „World fit for children“ ein.

Seite 10

1 *a) Gesichtsform: oval/Stirn: niedrig/Wangen: blass/Kinn: rund/Nase: schmal, lang/Augen und Augenausdruck: traurig, geschminkt/Augenbrauen: dunkel, dicht/Mund und Lippen: zusammengepresst, geschminkt, voll/ Mundwinkel und Ausdruck: herabgezogen, schmollend/ Haare: seidig, hochgesteckt, dunkel, gescheitelt/ Besondere Merkmale: Zeichen, Schmuck/Figur und Körperhaltung: schlank, gekrümmt/Kleidung: elegant, geschmückt, traditionell, bunt*

b) + c) ***Anlass A:*** *ausschmückend und gefühlvoll, denn du beschreibst die Person deiner Freundin/deinem Freund. Die Inderin ist jung und schön, aber sie sieht sehr traurig aus und scheint sich gerade eine Träne von der Wange zu wischen. Sie ist schlank und ihre Körperhaltung wirkt gekrümmt. Sie trägt ein prächtiges, traditionelles indisches Gewand, ein mit Goldfäden besticktes, rotes Tuch über den Haaren und sehr viel Schmuck. An ihrem rechten Arm prangen unzählige Armreifen, an ihrem Finger steckt ein riesiger Ring, und in ihre Stirn baumelt ein herzförmiger Anhänger. Um ihre Schultern liegt ein Blumenkranz. Ihre schwarzen Haare schimmern seidig und sind hochgesteckt. Sie hat ein ovales Gesicht mit blassen Wangen. Unter ihrer niedrigen Stirn wölben sich dichte, schwarze Augenbrauen mit einem roten Zeichen dazwischen. Ihre großen Augen sind kräftig mit schwarzem und blauem Kajal umrandet. Sie hat eine lange, schmale Nase, einen vollen, rot geschminkten Schmollmund und ein rundes Kinn.*
Anlass B: *sachlich und nüchtern, denn es kommt nur auf äußere Kennzeichen an, mit denen die Frau eindeutig identifiziert werden kann.*
Die Frau ist Inderin, schlank und ca. 25 Jahre alt. Sie trägt ein rotes, golden besticktes Tuch um den Kopf, einen Blumenkranz um die Schultern und viel Schmuck. Sie hat schwarze, hochgesteckte Haare, ein ovales, blasses Gesicht, eine niedrige Stirn, eine lange, schmale Nase und rot geschminkte Lippen. Zwischen ihren Augenbrauen befindet sich ein kleines, rotes Zeichen.

Seite 11

2 *a)* ***Teil(e):*** *Räder, Deichsel, Dynamo, Lenker, Aufbau, Pedale, Handbremse, Kette, Lampe, Nabe, Sattel, Zahnrad, Markise, Speichen, Schutzblech, Sitz, Stange, Klingel*
Material: *Aluminium, Stoff, Gummi, Stahl, Kunststoff*
Eigenschaft: *verziert, gemustert, poliert, glänzend, lackiert, gepolstert*
Form: *gerade, breit, gebogen*
Farben: *schwarz, golden, silbern, rot, blau*

b) Die Rikscha ist ein Fahrrad aus Stahl mit drei Rädern, mit dem ein Fahrer einen oder mehr Fahrgäste befördern kann. Ihr vorderer Teil sieht aus wie ein normales Fahrrad, doch statt eines Hinterrades hat sie eine Deichsel mit zwei Rädern, über denen sich ein breiter Aufbau befindet. Er hat einen gepolsterten Sitzplatz aus blauem Stoff und eine Markise aus rotem Kunststoff, die den Fahrgästen Schutz vor Sonne oder Regen bietet. Die Markise wird von einer Bordüre aus blau-rot gemustertem Kunststoff umsäumt. Der untere Teil des Aufbaus wirkt golden und ist auf Hochglanz poliert. Der Fahrer sitzt vor den Gästen auf dem schwarzen Sattel. Der Lenker der Rikscha ist silbern, gebogen und hat Griffe aus schwarzem Gummi. An ihm sind außerdem die Klingel und die Griffe für die Handbremse befestigt. Am Vorderrad befindet sich ein Dynamo. Er erzeugt durch Reibung am Reifen die Energie für die Lampen der Rikscha. Die Schutzbleche sind aus glänzendem Aluminium und verhindern, dass der Schmutz, den die Reifen aufwirbeln, den Fahrer oder die Gäste trifft. Aluminium wird verwendet, weil es leicht ist. Auch die Speichen der Räder bestehen aus Aluminium und sind kreisförmig um die Naben angeordnet. Die Stahlrohre des Fahrradrahmens sind gerade, dunkel lackiert und mit bunten Mustern verziert. Wenn der Fahrer in die Pedale tritt, bewegt er damit das Zahnrad, das die Kette antreibt. Die Kette überträgt die Bewegung dann auf die Hinterräder.

3 a) ***Körper/Gestalt:*** *Mann, gedrungener Körperbau, gewinkelte Arme, kräftige Beine*
Ausstattung: *Helm, Brustschmuck, Umhang, Waffen (Pfeil und Bogen, Schwert), Rock, Fuß- und Armbänder*
Farben und Muster: *Haut rötlich braun, Gewand und Ausstattung in Erdfarben*

b) *Beispiel:*
Die indische Stockpuppe ist aus stabilem Material geschnitten, vermutlich Leder, und an einem Stock befestigt. Mit diesen wird sie auf der Bühne bewegt. Die Figur ist ein bewaffneter Mann, der von der Seite gezeigt wird. Er hat einen gedrungenen Körperbau, kräftige Beine mit großen Füßen und muskulöse Arme. Sein Gesicht wird von einem großen Auge bestimmt, sein langes, dunkles Haar ist zu einem Knoten gewunden. Der Mann hat eine rötlich braune Haut. Auf dem Kopf trägt er einen kunstvoll verzierten Helm. Brust, Arme und Beine sind mit Bändern und Schmuck behangen. Um die Schultern trägt der Krieger einen lockeren Schal, um die Hüften einen Rock, beide Kleidungsstücke sind mit Mustern bemalt. Als Waffen trägt er auf dem Rücken einen Köcher mit Pfeilen, den Bogen hat er im Arm hängen, sein Schwert griffbereit auf der linken Hüfte befestigt. Die linke Hand hält das Schwert, die rechte eine Blüte. Der Mann schaut geradeaus über diese Blüte in die Ferne. Die gesamte Figur ist in rötlich braunen Erdfarben gehalten.

Seite 12

4 b) ***Bildgegenstand oder Thema:*** *indische Frau mit weißer Schlange*
Figur: *blaue Haut, schwarzes Haar, viel Schmuck, traditionelles Gewand, sitzt auf Felsen*
Tiere: *viele Schlangen (weiß, grün, gemustert), vier bunte Vögel auf dem Wasser, zwei auf dem Berg, zwei am Ufer, zwei Störche im Wasser, weiße Fische im Wasser, zwei Skorpione am Felsen, auf dem die Frau sitzt*
Natur: *Fluss, darauf Seerosen, vom Fluss umspülter Felsen, mehrere Bäume (grün, rot, gelbgrün), ein Berg*
Stimmung, Gesamtwirkung: *friedlich, harmonisch*

Seite 13

5 ***Vordergrund:*** *Wasser mit Seerosen, Vögeln, Störchen und Fischen*
Mittelgrund: *Felsen mit Frau, Bäume und Schlangen*
Hintergrund: *Berg mit Vögeln, Himmel*

6 a)

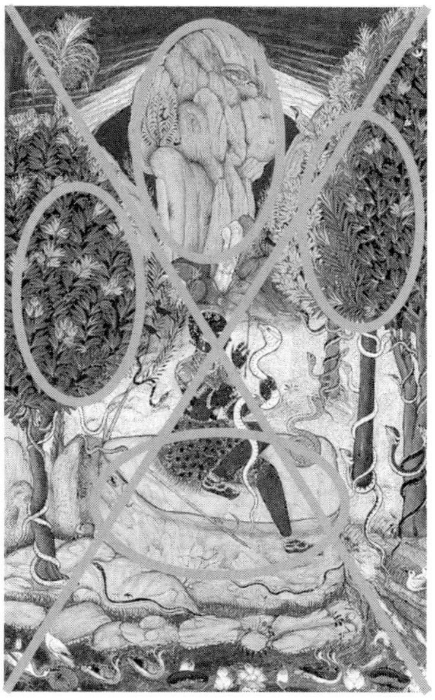

b) *Der Kopf der Frau liegt im Mittelpunkt des Bildes.*
c) *oval, vertikal, weich, symmetrisch, diagonal, gewellt, gebogen, rund*

7 b) ***Blau:*** *Himmel und Wasser, oberer und unterer Bildrand, die Frau, Bildmitte*
Grün: *je ein Baum am linken und am rechten Bildrand*
Rosa: *der Felsen unten im Bild, der Berg oben im Bild*
Gelb: *die Bodenfläche in der Mitte des Bildes, ein Streifen am Himmel*

8 *Das Bild „Die Schlangenbeschwörerin" stammt von einem unbekannten Künstler aus Bundi (Indien) aus der ersten Hälfte des 17. Jahrhunderts. Es ist eine Miniatur mit dem Format 19 x 12 cm. Das Hauptmotiv des Bildes ist eine junge, schwarzhaarige, blauhäutige Frau, die auf einem Felsen sitzt. In der rechten Hand hält sie einen Stab, in der linken eine weiße Schlange. Im Vordergrund des Bildes befindet sich ein Fluss mit Seerosen, weißen Fischen, vier bunten, entenähnlichen Vögeln und zwei Störchen. Am Ufer des Flusses stehen zwei weitere Vögel. Im Mittelgrund, auf der gelben Bodenfläche, erhebt sich der rosafarbene Felsen, auf dem die Frau sitzt. Ihre Kleidung besteht aus einem knielangen Rock und einem kurzärmeligen Mieder, das den Bauch freilässt. Sie trägt Ohrringe, Halsketten, Arm- und Fußreifen und scheint mit der Schlange zu sprechen. Links neben ihr liegt ein Stab mit Widerhaken, rechts kringelt sich eine weitere, grüne Schlange. Am rechten und linken Bildrand ragen Bäume empor, um deren Stämme sich viele weiße, grüne und gemusterte Schlangen winden. Schlangen kriechen auch über den Boden auf den Felsen und die Frau zu. Im Hintergrund des Bildes erhebt sich in der Mitte ein rosafarbener Berg, auf dem ein Vogel sitzt. Der Vogel neigt seinen Kopf einem zweiten Vogel zu, der auf einem hinter den Bäumen kaum sichtbaren Felsen sitzt. Hinter dem Berg verläuft ein gelber Streifen, darüber wölbt sich der blaue Himmel.*
Das Bild ist symmetrisch aufgebaut. Der blaue Himmel und der blaue Fluss am oberen und unteren Rand rahmen es ein, ebenso die Bäume am rechten und linken Bildrand. Wenn man die Diagonalen zieht, liegt der Kopf der blauen Frau genau in der Mitte des Bildes. Die in der Miniatur vorkommenden Formen sind weich und rund.
Die Farben und der Aufbau des Bildes lassen es friedlich und harmonisch wirken. Die Frau scheint mit der Natur eins zu sein.

Seite 14

9 a) – c) 1. Der Tanz hat eine jahrtausendealte Tradition in Indien.
2. Mit dem Tanz werden die Gottheiten verehrt.
3. Der Tanz ist eine heilige Handlung.
4. Der Tanz wurde in Tempeln aufgeführt.
5. Die Tänzerinnen erhielten im Tempel ihre Ausbildung.
6. Die Tänzerinnen wurden mit der Tempelgottheit vermählt.
7. Bei Aufführungen haben die Tänzerinnen traditionellen Brautschmuck.
8. Die Tänzerinnen haben einen verzierten Seidensari, der sich bei Bewegungen fächerartig öffnet.
9. Die Tänzerinnen haben Halsketten, Hüftgürtel, Armringe und Fußglöckchen.
10. Die Tänzerinnen haben auf den Handflächen und Fußsohlen Glück verheißende Symbole.
11. Der Tanz hat viele festgelegte Körperhaltungen, Bewegungen und Schrittfolgen.
12. Der Tanz hat unterschiedliche bedeutsame Gesten und eine ausgeprägte Mimik.
13. Im Tanz werden Gefühle dargestellt

d) Einleitung mit möglicher Verbesserung:
Der indische Tempeltanz „Bharatanatyam" hat eine jahrtausendealte Tradition. Mit dem Tanz werden die Gottheiten verehrt. **Weil er** eine heilige Handlung ist, wurde **er** in Tempeln aufgeführt.
Die Tänzerinnen erhielten im Tempel ihre Ausbildung und wurden **schließlich** mit der Tempelgottheit vermählt. Bei Aufführungen **ziert sie deshalb** traditioneller Brautschmuck. **Außerdem tragen die jungen Frauen** einen verzierten Seidensari, der sich bei Bewegungen fächerartig öffnet. **Geschmückt** sind **sie auch** mit silbernen Halsketten, Hüftgürteln, Armringen **und** Fußglöckchen. **Ihre** Handflächen und Fußsohlen sind mit Glück verheißenden Symbolen **bemalt.**
Der Tanz **besitzt** viele festgelegte Körperhaltungen, Bewegungen und Schrittfolgen. **Dazu gehören** unterschiedliche bedeutsame Gesten und eine ausgeprägte Mimik. **Denn** beim **Tanzen** werden Gefühle dargestellt.

Seite 15

10 a) Alapadma: Die Handfläche der linken Hand zeigt nach oben. Der Zeigefinger ist horizontal ausgestreckt und gerade, der Mittelfinger ist ebenfalls gerade, befindet sich jedoch in einem 45-Grad-Winkel zum Zeigefinger. Der Ringfinger ist gerade und steht in einem spitzen Winkel zum Mittelfinger, der kleine Finger steht gerade nach oben, in einem 90-Grad-Winkel zur Handfläche. Der ausgestreckte Daumen befindet sich neben der Handfläche und ein wenig oberhalb der Linie, die der Zeigefinger mit der Handfläche bildet. Die Fingeranordnung gleicht einer geöffneten Blüte.

11 a) **1.**: Körperhaltung: Oberkörper aufrecht – Beinstellung: in den Knien tief gebeugt – Mudra: Alapadma – linker Arm: vor der Brust angewinkelt – rechter Arm: vor der Brust angewinkelt – Kopfhaltung/Blickrichtung: nach vorn, geradeaus – Fußstellung: Zehen zeigen nach außen
2.: Körperhaltung: bleibt – Beinstellung: rechtes Bein leicht angehoben – Mudra: bleibt – linker Arm: bleibt – rechter Arm: senkrecht nach oben, leicht gebogen – Kopfhaltung/Blickrichtung: bleibt – Fußstellung: bleibt
3.: Körperhaltung: bleibt – Beinstellung: rechtes Bein wieder auf dem Boden – Mudra: bleibt – linker Arm: bleibt – rechter Arm: bleibt – Kopfhaltung/Blickrichtung: leicht nach rechts geneigt – Fußstellung: bleibt
4.: Körperhaltung: bleibt – Beinstellung: linkes Bein steht gekreuzt hinter rechtem – Mudra: bleibt – linker Arm: bleibt – rechter Arm: nach rechts ausgestreckt, in 45-Grad-Winkel zum Hals – Kopfhaltung/Blickrichtung: ganz nach rechts gedreht, Blick geradeaus – Fußstellung: rechter Fuß: Zehen zeigen nach außen, linker Fuß: nur Zehen berühren den Boden
5.: Körperhaltung: bleibt – Beinstellung: linkes Bein wieder neben rechtem, in den Knien noch tiefer gebeugt – Mudra: bleibt – linker Arm: bleibt – rechter Arm: waagerecht nach rechts ausgestreckt, in 90-Grad-Winkel zum Hals – Kopfhaltung/Blickrichtung: bleibt – Fußstellung: rechter Fuß: bleibt, linker Fuß: steht auf dem Boden, die Zehen zeigen nach außen

b) Zunächst steht man mit aufrechtem Oberkörper da. Der Kopf zeigt gerade nach vorn, die Augen blicken geradeaus. Die Knie sind tief gebeugt, die Füße stehen hüftweit auseinander, mit den Fersen zueinander, die Zehen zeigen nach außen. Man hält die Unterarme waagerecht und überkreuzt vor der Brust angewinkelt, sodass die Hände mit den Handflächen nach oben und die Fingerspitzen zueinander zeigen. Beide Hände formen während der gesamten Schrittfolge das Mudra Alapadma, das eine geöffnete Lotusblüte symbolisiert. (vgl. Aufg. 10a) Zuerst hebt man das rechte Bein ein kleines Stück an und streckt den rechten Arm senkrecht, aber in sich leicht gebogen nach oben. Dann stellt man das rechte Bein wieder auf den Boden und senkt die rechte Schulter, sodass sich der rechte Arm leicht zur Seite neigt. Der Kopf wird ein wenig nach rechts geneigt, die Augen blicken nach oben rechts. Nun verlagert man das Gewicht auf das rechte Bein und kreuzt das linke Bein hinter das rechte. Nur die Zehen des linken Fußes dürfen den Boden berühren. Die Zehen des rechten Fußes zeigen weiterhin nach rechts außen. Der rechte Arm wird gerade nach rechts gestreckt, bis er sich in einem 45-Grad-Winkel zum Hals befindet. Der Kopf wird ganz nach rechts gedreht, der Blick geht geradeaus nach rechts. Im Anschluss daran tritt das linke Bein wieder hüftweit neben das rechte. Die Zehen des linken Fußes zeigen nach außen, der Ballen wird auf den Boden gestellt. Schließlich geht man noch tiefer in die Knie als am Anfang. Danach senkt man den rechten Arm zur Seite, bis er einen 90-Grad-Winkel zum Hals bildet.

Seite 16

1 a) These 1: C, These 2: B, These 3: C
b) These 1: A: nicht verallgemeinerbar, zu persönlich; B: nicht passend, wäre nur ein Gegenargument für eine andere These
These 2: A: nicht passend; C: zu persönlich
These 3: A: zu persönlich; B: zu wenig konkret; D: nicht bedeutsam

Seite 17

2 *Schülerinnen und Schüler der Klasse 7 sollten nicht auf Klassenfahrt fahren,*
- □ **damit** *ihnen mehr Zeit bleibt, ausreichend zu lernen.*
- □ **weil/da** *ihre Eltern sie zu sehr vermissen würden.*
- □ **sondern** *lieber kurze Tagesausflüge unternehmen.*
- □ **denn** *sie beachten Regeln und Absprachen meist nicht.*

3 *a) + b)*
1. *Es ist wichtig, dass sich auch die Schüler/-innen etwas besser kennen lernen, die bisher kaum etwas zusammen gemacht haben. A 5*
2. *Solche Lebensmittel sind einfach gesünder. A 6*
3. *Dafür zahlen meine Eltern gern etwas mehr. Bsp 6*
4. *So muss man nicht immer sein Geld dabeihaben, das ist doch viel unkomplizierter. A 9*
5. *Die Gruppen für die Zimmereinteilung sollten gewürfelt werden. Th*
6. *Wir sollten umweltverträglich produzierte Nahrungsmittel kaufen. Th*
7. *Tagsüber sind wir mit allen zusammen, aber abends auf dem Zimmer sammeln sich die Cliquen. Manche Kinder bleiben dann allein, dagegen sollte man etwas tun. A 5*
8. *Bei unserem letzten Grillfest hat das doch gut geklappt, da gab es einfach Sprudel und Limo für alle. Bsp 9*
9. *Wir sollten auf der Fahrt die Getränke für alle kaufen und dann die Kosten umlegen. Th*
10. *Das ist ein guter Beitrag zum Umweltschutz, denn Düngung z.B. ist schädlich für unser Trinkwasser und die Umwelt. Auf beides sind wir doch alle angewiesen. Bsp 6*
11. *Bei der letzten Weihnachtsfeier waren am Ende sieben Saftpackungen angebrochen, die alle weggeworfen werden mussten. Bsp 9*
12. *Wenn man die Getränke nicht bezahlen muss, geht man damit auch nicht ordentlich um. A 9*

Seite 18

1 *Tätigkeitswort: Verb, Substantiv: Nomen, Stellvertreter: Pronomen, Begleiter: Artikel, Eigenschaftswort: Adjektiv, Bindewort: Konjunktion, Umstandswort: Adverb, Verhältniswort: Präposition*

Seite 19

1 *Indikativ = unterstrichen*
Konjunktiv = gestrichelt

„Man sei auf Reisen immer vorsichtig!", warnte der Großvater. „Wer in die weite Welt reist, der kommt mit neuen Erfahrungen im Gepäck zurück. Es wäre zu hoffen, mein lieber Enkel, dass es bei dir nur gute sein werden." Der Enkel schaute verwundert. „Mögest du an meine Worte denken!", gab ihm der Großvater schließlich mit auf den Weg. Der Enkel erzählte dies seinem Freund: „Opa Ernst ermahnte mich, ich solle an seine Worte denken." Der erwiderte: „Seine Hoffnung auf gute Erfahrungen möge in Erfüllung gehen!"

2 *sein – war, fliegen – flog, schwimmen – schwammen, tragen – trugen*

Seite 20

3 *Konjunktiv = unterlegt – Redeeinleitung = unterstrichen*

Der Berliner Musiker Andy Reimer, 38, ist Klingeltonkomponist. Er hat einige der bekanntesten Melodien geschrieben, die sich vor allem Jugendliche gegen Gebühr auf ihr Handy laden. Von Reimer stammt auch die Musik zu „Sweety". Das Küken tanzte zeitweise bis zu 150 Mal täglich durch die Werbepausen von Musiksendern und trällerte, dass es zwar klein und süß sei, aber auch wisse, wie man seine Füße bewege. Das fluffige Vögelchen ist zum Hassobjekt vieler Zuschauer geworden. Reimer hört davon nichts. Das sei müßig, heißt es bei der Berliner Firma. Positive Anrufe überwögen ohnehin. Der Nervfaktor sei Teil des Erfolgs. Je mehr sich Erwachsene aufregten, dass die Handys ihrer Kinder statt dezenter Töne das Geräusch furzender Frösche oder quäkender Küken aussenden, desto beliebter seien sie bei Jugendlichen. Ein Sprecher sagt, dass es „Handy-Junkies" gebe, die sich täglich einen neuen Klingelton zögen. Dass er derlei Lockrufe fabriziert, habe ihm anfangs ein schlechtes Gewissen gemacht, sagt Reimer. Aber am Ende seien Klingeltöne doch nichts anderes als Fußballsammelbilder.

4 *Herr Ohrenschutz meint, Handyklingeltöne nervten und gehörten abgeschafft. – Frau Nervenschon findet, es sollte nur noch Vibrationsalarm geben. – Wenn sie traurig sei, erzählt Jule, stelle sie ihr Handy mit einer traurigen Melodie ein, und wenn sie fröhlich sei, mit einer lustigen. – Sie liebe es, immer wieder neue Klingeltöne herunterzuladen, wirft Nathalie ein. – Simon behauptet, je lauter und ausgefallener ein Klingelton sei, desto cooler sei er auch. – Max bemerkt, es sei ihm vollkommen egal, wie sein Handy klingle, Hauptsache, es funktioniere.*

Seite 21

1 *Aktiv = unterstrichen – Passiv = gestrichelt*

Kartoffelchips werden aus Kartoffeln hergestellt. In entsprechenden Werken werden die Kartoffeln gewaschen, geschält und erneut gewaschen.	V Herstellung V Waschen, Schälen
Dann wandern sie in eine große Maschine, werden dort in ganz dünne Scheiben geschnitten und anschließend in einer riesigen Fritteuse ausgebraten.	H Kartoffeln V Schneiden, Braten
Weil die Kartoffelscheiben beim Frittieren Wasser verlieren, ziehen sie sich zusammen und wellen sich. So entsteht die „krumme" Form der Chips.	H Kartoffelscheiben H Form
Die frittierten Chips werden sorgfältig kontrolliert, dabei werden mangelhafte Chips (z.B. mit schwarzen Flecken) aussortiert.	V Kontrolle, Sortierung
Beim Durchlaufen großer Gewürztrommeln kommt die Gewürzmischung dazu.	H Gewürzmischung
Anschließend werden die Chips noch einmal kontrolliert und dann verpackt.	V Kontrolle, Verpackung
In Tüten kommen sie ins Geschäft.	H Chips

Seite 22

2 1 Daniel friert **die frisch gepflückten Erdbeeren** ein.

Die **frisch gepflückten Erdbeeren** *werden von Daniel eingefroren.*

2 Nach ein paar Monaten holt Daniel **die Früchte** aus dem Tiefkühlfach.

Die Früchte *werden nach ein paar Monaten von Daniel aus dem Tiefkühlfach geholt.*

4 Während des Gefrierprozesses bildet das im Zellkern vorhandene Wasser **Eiskristalle.**

Während des Gefrierprozesses werden von dem im Zellkern vorhandenen Wasser **Eiskristalle** *gebildet.*

5 Die Eiskristalle durchstoßen **das Pflanzengewebe** und durchlöchern **das Zellgerüst.**

Das Pflanzengewebe *wird von den Eiskristallen durchstoßen,* **das Zellgerüst** *durchlöchert.*

6 Aus den matschigen Früchten kocht Daniel **Erdbeermarmelade.**

Aus den matschigen Früchten wird von Daniel **Erdbeermarmelade** *gekocht.*

Satz 3 lässt sich nicht umwandeln.

Seite 23

3 *Max' Freunde waren von ihm zum Kuchenessen eingeladen worden.*
Kleine Geschenke wurden von den Freunden mitgebracht.
Der Kuchen ist von Max professionell serviert worden.
Nächste Woche werden von Max verschiedene Desserts angeboten werden.

4 *Benni lädt Sabine zum Pizza-Essen ein. Infinitiv: einladen / Präsens Passiv: Sabine wird von Benni zum Pizza-Essen eingeladen. / Futur I Aktiv: Benni wird Sabine zum Pizza-Essen einladen.*
Sabine bestellt eine Pizza mit Spinat. Infinitiv: bestellen / Präsens Passiv: Eine Pizza mit Spinat wird von Sabine bestellt. / Futur I Aktiv: Sabine wird eine Pizza mit Spinat bestellen.

Seite 24

5 *Zwei maskierte Menschen, die durch den Lüftungsschacht einstiegen, wurden beobachtet. (Informationsriegel)*
Offensichtlich wurden alle Delikatessen eingepackt und abtransportiert. (Informationsmangel)
Merkwürdigerweise wurden vier Bananen liegen gelassen. (Informationsmangel)

6 *a) die Infinitiv-Form*
b) ***man-Form:*** *Man schält … halbiert längs; Man legt; Man heizt … vor; Man hackt; Man mischt … und verteilt; Man gießt … darüber; Man gibt; man backt; Man beträufelt*
Imperativ-Form: *Schäle und halbiere; Leg; Heize … vor; Hacke; Mische; verteile; Gieße; Gib; backe; Beträufele*
Sie-Aussage: *Sie schälen; Sie halbieren … längs; Sie legen; Sie heizen; Sie hacken; Sie mischen … und verteilen; Sie gießen darüber; Sie geben, Sie backen, Sie beträufeln*

Seite 25 – Teste dich!

1 *richtig ist:*
a) Der Konjunktiv — 3
- ☐ *ist ein Modus,*
- ☐ *drückt einen Wunsch aus,*
- ☐ *drückt die indirekte Rede aus.*

b) „Möge dir das neue Jahr Glück bringen." — 2
Simon glaubte, das neue Jahr werde erfolgreich sein.

2 *Ein Feuerwehrmann erklärt, an Weihnachten und Silvester gebe es die meisten Hausbrände.* — 2
Lilo sagt, zu Silvester nähme sie sich immer vor, alles besser zu machen.

3 *wird … gezündet; wird … abgestimmt; wird … erzeugt* — 3

4 *wird … verwendet* — 3
wurde … entwickelt
darauf geachtet worden war — *erreichbare Punkte: 13*

Seite 26

1 *Satzglieder (von links nach rechts): Subjekt, Prädikat, Objekt, adverbiale Bestimmung*

Seite 27

2 *| Viele Schüler | wollten | die üblichen Bundesjugendspiele | abschaffen. |*
Die üblichen Bundesjugendspiele wollten viele Schüler abschaffen.

| Alle | wünschten sich | einen zusätzlichen Anreiz. |
Einen zusätzlichen Anreiz wünschten sich alle.

| Deshalb | wurden | Mannschaftsspiele | ins Programm | aufgenommen. |
Ins Programm wurden deshalb Mannschaftsspiele aufgenommen.

| Trotz einiger Anlaufschwierigkeiten | erklärten sich | | viele Eltern | zur Mithilfe bereit. |
Viele Eltern erklärten sich trotz einiger Anlaufschwierigkeiten zur Mithilfe bereit.
Zur Mithilfe erklärten sich trotz einiger Anlaufschwierigkeiten viele Eltern bereit.
Trotz einiger Anlaufschwierigkeiten erklärten sich zur Mithilfe viele Eltern bereit.

| Die Schülerband | spielte. |
Dieser Satz besteht nur aus Subjekt und Prädikat. Das Prädikat steht immer an zweiter Stelle. Deshalb lässt sich hier die Umstellprobe nicht durchführen.

3 *a) Wer oder was wollte die Bundesjugendspiele abschaffen? Viele Schüler. (Subjekt)*
Wen oder was wollten viele Schüler abschaffen? Die Bundesjugendspiele. (Akkusativobjekt)
b) Deshalb wurden Tanzvorführungen ins Programm aufgenommen. / Deshalb wurden Akrobatikkunststücke ins Programm aufgenommen. / Deshalb wurden Jongliereinlagen ins Programm aufgenommen.

c) Viele Eltern erklärten sich zur Mithilfe bereit.
d) In den Pausen spielte die Schülerband zur Unterhaltung des Publikums Jazzmusik.

Seite 28

4 *Subjekte = unterstrichen, Prädikate =* ***fett***
Objekte = gepunktet (DO = Dativobjekt, AO = Akkusativobjekt, PO = Präpositionalobjekt)
adverbiale Bestimmungen = gestrichelt

Vielen (DO) ***ist*** *der Slogan „KEINE MACHT DEN DROGEN"* ***bekannt****. Seit über 15 Jahren (adv. Best. der Zeit)* ***setzt*** *der gemeinnützige Verein erfolgreich (adv. Best. der Art und Weise) auf aktive Freizeitgestaltung (PO). Der Verein* ***möchte*** *keine Schäden (AO)* ***reparieren****. Er* ***will*** *Suchtvorbeugung (AO)* ***betreiben****. Kinder und Jugendliche* ***sollen*** *frühzeitig (adv. Best. der Zeit) über die Gefahren von Drogen (PO)* ***informiert und aufgeklärt werden****.*
Die CD-ROM „Drogenprävention interaktiv" (AO) ***haben*** *Schülerinnen und Schüler des Amos-Comenius-Gymnasiums in Bonn/Bad Godesberg* ***mit entwickelt.*** *Im Mittelpunkt des Geschehens (adv. Best. des Ortes)* ***stehen*** *Drogenkonsum und Drogenschmuggel. Ein im Jugendmilieu spielender Kriminalfall* ***soll aufgeklärt,*** *Informationen* ***müssen recherchiert*** *und knifflige Fragen* ***beantwortet werden.***
Weitere Informationen (AO) ***findest*** *du im Internet (adv. Best. des Ortes). Die Adresse* ***lautet:*** *www.kmdd.de.*

5 *[grau] = Attribut, ——► = Bezugswort*

| Die Aktion „Im Laufschritt gegen Gewalt und Drogen" |
Subjekt

will | den ausrichtenden Schulen | finanzielle Mittel
Prädikat — Dativobjekt — Akkusativobjekt

| zur Verfügung stellen.
Prädikat

| Die gelaufenen Kilometer | entscheiden | über den Erfolg.
Subjekt — Prädikat — Präpositionalobjekt

| Viele engagierte Läuferinnen und Läufer | können |
Subjekt — Prädikat

für eine Schule | Gelder in Höhe mehrerer tausend Euro |
Präpositionalobjekt — Akkusativobjekt

bekommen. |
Prädikat

Seite 29

1 *a) Vor über 2000 Jahren erfand der Chinese Cai Lun die Technik des Papierschöpfens | die Faserstoffe des chinesischen Papiers waren Bast, Baumwolle, Chinagras und Seide | die Herstellung war geheim | das Wissen um die Papiermacherei wurde als Staatsgeheimnis bewahrt | nach Grenzstreitigkeiten nahmen Araber im 8. Jahrhundert chinesische Kriegsgefangene | vermutlich unter Folter verrieten diese Chinesen ihre Kenntnisse | so kam das Wissen um die Papierherstellung nach Samarkand | Papier war und blieb eine Kostbarkeit | es wurde von Hand gefertigt und in aufwändigen Schritten verfeinert | man benötigte für seine Anfertigung bestimmte Ressourcen, Energie und Spezialisten |*

b) Vor über 2000 Jahren erfand der Chinese Cai Lun die Technik des Papierschöpfens. Die Faserstoffe des chinesischen Papiers waren Bast, Baumwolle, Chinagras und Seide. Die Herstellung war geheim (,) und das Wissen um die Papiermacherei wurde als Staatsgeheimnis bewahrt. Nach Grenzstreitigkeiten nahmen Araber im 8. Jahrhundert chinesische Kriegsgefangene, und vermutlich unter Folter verrieten diese Chinesen ihre Kenntnisse. So kam das Wissen um die Papierherstellung nach Samarkand. Papier war und blieb eine Kostbarkeit, denn es wurde von Hand gefertigt und in aufwändigen Schritten verfeinert. Man benötigte für seine Anfertigung bestimmte Ressourcen, Energie und Spezialisten.

2
A Das Wort kommt aus dem Englischen (,) und es bezeichnet dünne, weiche, saugfähige Papiere. = Tissue
B Dieses Papier muss sehr glatt und reißfest sein, denn es muss ohne Probleme riesige Druckmaschinen durchlaufen. = Zeitungsdruckpapier
C Das Papier hat eine Zeichnung oder ein Muster, aber man sieht dies nur im Gegenlicht. = Wasserzeichen
D Man könnte auf diesem Papier schreiben, doch es wird eher zum Einpacken von Obst oder Backwaren benutzt. = Tütenpapier
E Dieses Papier wird aus Baumwolle und Zellstoff hergestellt (,) und du hast (hoffentlich) ein Blatt davon in jedem Heft liegen. = Löschpapier

Seite 30

1 *a) Die Brille ist ein Gestell, das vor den Augen getragen wird.*
Weil die Brille meist auf der Nase aufliegt, spricht man auch von einem „Nasenfahrrad".
Jemand, der sich in der Nähe befindende Gegenstände oder Personen schlecht erkennt, ist weitsichtig.
Menschen, die in der Ferne Liegendes nur verschwommen sehen, sind kurzsichtig.

Hauptsätze/grün = unterstrichen
Nebensätze/blau = gestrichelt

b) Die Brille ist ein Gestell, das vor den Augen getragen wird.
— HS —, — NS —.

Weil die Brille meist auf der Nase aufliegt, spricht man auch von einem „Nasenfahrrad".
— NS —, — HS —.

Jemand, der sich in der Nähe befindende Gegenstände oder Personen schlecht erkennt, ist weitsichtig.
— HS —, — NS —, — HS —.

Menschen, die in der Ferne Liegendes nur verschwommen sehen, sind kurzsichtig.
— HS —, — NS —, — HS —.

Seite 31

1 Seit langer Zeit ist bekannt, dass Sonnenlicht, das unangenehm grell ist, dem Auge schaden kann.
Der Schutz des Menschen, der natürlich ist – die Verengung der Pupille mittels der Iris und das Blinzeln –, war besonders bei Naturvölkern nicht immer ausreichend.
Besonders jene Menschen, die in Eis und Schnee leben, sind durch die intensive Lichteinwirkung gefährdet, die durch Reflexion hervorgerufen wird.
Sie halfen sich schon früh durch „Schneebrillen" aus Knochen oder anderen Materialien, die das Licht nur durch einen engen Schlitz hindurchlassen.

2 Es gibt Sonnenbrillen, welche einen Markennamen tragen.
Aber nicht alle Brillen, die einen hohen Preis haben, schützen auch gegen die Sonne.
Ein Verbraucher, der nicht nur preisbewusst sein will, muss auch auf die Qualität der Gläser achten.
Nicht jedes Glas, das getönt ist, bietet auch einen Schutz vor UV-Strahlen.
Wenn du aber deine Sonnenbrille nur in die Haare stecken willst, dann kannst du auch eine auswählen, die keinen besonderen Schutz gegen Sonnenstrahlung aufweist.

Seite 32

1 Adverbialsätze = unterstrichen
adverbiale Bestimmungen = gestrichelt

Obwohl es mittlerweile sehr schicke Brillengestelle in allen Farben gibt, wollen manche Menschen keine Brille tragen.
Aus Eitelkeit entscheiden sie sich für Kontaktlinsen.
Die kleinen Kunststoffschalen werden direkt auf die Pupille gesetzt, sodass man sich selbst ins Auge fassen können muss.
Weil Linsen auf der Tränenflüssigkeit schwimmen, dürfen die Augen nicht zu trocken sein.
Wegen einer möglichen Unverträglichkeit kommen manche nicht damit klar.
Wenn besonders empfindliche Kunden kommen, sind die Optiker vorsichtig.
Athleten benutzen lieber Sportlerbrillen, da z. B. bei einem schnellen Lauf leicht ein Sandkorn unter die Linse geraten könnte.
Während Brillen alle Gegenstände stark vergrößern oder verkleinern, sind diese Effekte bei Kontaktlinsen wesentlich geringer ausgeprägt.

2 Indem du getönte Linsen verwendest, kannst du deine Augenfarbe verändern.
Nach dem Tragen der Linsen muss man sie säubern.
Bei Rötung der Augen die Kontaktlinsen ablegen.

Seite 33

3 a) + b) unterordn. Konjunktion = unterlegt
Personalform d. Verbs = **fett**
Adverbialsätze = unterstrichen

Du kennst das Problem vielleicht: Obwohl du beim Milchkochen immer gut umgerührt **hast,** entsteht eine Haut. Milch besteht aus Wasser, Fett und Eiweißen. Wenn Eiweiße heiß **werden,** verändern sie ihre Form. Das heißt: Indem Hitze zugeführt **wird,** bilden sich aus den kugeligen Eiweißen längliche Eiweißfäden. Diese Fäden steigen an die Oberfläche und verkleben dort, sodass eine Art Haut **entsteht.**

4 Wenn du diese Eiweißhaut nicht magst, kannst du einen
—— NS ——, —— HS ——
Trick anwenden.
—— HS ——.

Du musst die Milch kurz abkühlen, damit die Eiweißfäden
—— HS ——, —— NS ——
nicht verkleben.
—— NS ——.

Du hältst einfach, kurz nachdem die Milch aufgekocht ist,
—— HS ——, —— NS ——,
einen Eiswürfel in die Milch.
—— HS ——.

Damit dir die Milch nicht überkocht, kannst du übrigens
—— NS ——, —— HS ——
dasselbe Verfahren anwenden.
—— HS ——.

Seite 34 und 35

5 Alle Kanaldeckel auf Straßen sind rund, weil man ein Hineinfallen des Deckels in den Schacht vermeiden möchte.
Frage: Warum sind in der Straßenmitte alle Kanaldeckel rund? / **Satztyp-Bestimmung:** Kausalsatz / **Konjunktion:** weil

Nur am Rand der Straße – am Bordstein – macht man eine Ausnahme, damit das Wasser besser abfließen kann.
Frage: Zu welchem Zweck/Wozu macht man am Rand der Straße eine Ausnahme? / **Satztyp-Bestimmung:** Finalsatz / **Konjunktion:** damit

Falls du diese Aussagen überprüfen möchtest, kannst du selbst ein kleines Experiment zu Hause durchführen.
Frage: Wann (unter welcher Bedingung) kannst du selbst ein kleines Experiment zu Hause durchführen? / **Satztyp-Bestimmung:** Konditionalsatz / **Konjunktion:** falls/wenn

6 Indem du scheiterst, führst du den Beweis.
Warum fällt der Deckel nicht ins Glas?
Weil er einen größeren Durchmesser hat als die Öffnung, fällt der Deckel nicht ins Glas.
Jetzt nimm einen Schuhkarton: Obwohl der Deckel größer ist als der Karton, ist es kein Problem, den Deckel diagonal hineinzustecken.
Wozu gibt es die Regel: „Kanaldeckelweitwurf ist strengstens untersagt"?
Diese Regel besteht, damit kein Unsinn mit Kanaldeckeln passiert.

7 Im Frühjahr kommt es häufig zu Hochwasser, weil die Schneeschmelze die Flüsse ansteigen lässt.
Obwohl Schutzvorkehrungen getroffen werden, etwa Sandsack-Mauern, bekommen die Anwohner manchmal nasse Füße.
Manchmal stehen in Ufernähe ganze Stadtteile unter Wasser, sodass die Menschen dort ihre Häuser nur mit Booten erreichen.
Weil das Grundwasser steigt, können Kanäle die Wassermassen nicht mehr aufnehmen.
Wenn die Kanäle volllaufen, heben sich die Kanaldeckel und gefährden den Straßenverkehr.

Seite 36

8 *1 Seitdem Menschen einen Regenbogen beobachteten, machten sie sich Gedanken über seine Entstehung. 2 Physiker fanden heraus: Ein Regenbogen entsteht, sobald sich das Sonnenlicht an der Grenzfläche zwischen Luft und Wassertropfen bricht und an der Innenfläche dieser Tropfen reflektiert, also gespiegelt wird. 3 Regenbögen sind nicht alltäglich, sondern eher selten, denn ein Regenbogen setzt eine bestimmte Wettersituation voraus. 4 Es muss einiges zusammenkommen, bevor dieses beeindruckende Naturereignis entsteht. 5 Es muss regnen, und zugleich muss auch die Sonne scheinen. 6 Erst nachdem die Sonne aufgegangen ist, sind auch Regenbögen möglich: Dann muss es in westlicher Richtung regnen. 7 Der größte Regenbogen, ein Halbkreis, entsteht, wenn die Sonne am tiefsten steht, also bei Sonnenuntergang oder -aufgang. 8 Während der Regenbogen deutlich sichtbar ist, kann man sieben Farben erkennen: Rot, Orange, Gelb, Weiß, Grün, Blau und Violett. 9 Tatsächlich fließen diese Spektralfarben sanft ineinander. 10 Da aber unser Auge nur eine begrenzte Sehschärfe hat, werden sieben voneinander getrennte Farbstreifen wahrgenommen. 11 Übrigens: Halbkreisförmig sind Regenbögen nur deshalb, weil der Horizont den unteren Teil vor unseren Augen verbirgt. 12 Regenbögen sind eigentlich ganze Regenkreise.*

9 *a)*

Satz Nr.	Zeitliches Verhältnis	Konjunktion
1	G	seitdem
2	G	sobald
4	N	bevor
6	N	nachdem
7	G	wenn
8	G	während

b) Beispiele:
Satz 4: Vor diesem beeindruckenden Naturereignis muss einiges zusammenkommen.
Satz 6: Erst nach dem Sonnenaufgang sind auch Regenbögen möglich.

Seite 37

1 *(Jemand ist hasenfüßig.) –*
Wer ängstlich ist, der ist ein Hasenfuß.
– Subjektsatz –, – Hauptsatz –.

(Ich hoffe auf etwas.) – Ich hoffe darauf, dass ich niemandem mit meiner Direktheit auf die Füße trete.
– Hauptsatz –, – Objektsatz –.

(Es hängt mir zum Halse heraus.) – Dass wir so viele Klassenarbeiten schreiben, hängt mir zum Halse heraus.
– Subjektsatz –, – Hauptsatz –.

(Das ist doch zu dumm.) – Dass wir noch am vorletzten Schultag Hausaufgaben aufhaben, ist doch zu dumm.
– Subjektsatz –, – Hauptsatz –.

(Man glaubte früher vieles.) –
Man glaubte früher, dass in den Nieren das Gewissen sitzt.
– Hauptsatz –, – Objektsatz –.

Seite 38

2 *[…] In einer Vorlesung der Kinder-Uni erklärte ein Hals-Nasen-Ohren-Spezialist, ab welchem Alter wir hören können. (Os) Zunächst stellte sich die Frage, was das Erste ist, (Os) was man als Mensch in seinem Leben hört. Viele denken, dass es die Stimme der Hebamme ist (Os), die „Juhu!" und „Endlich!" und „Supi!" ruft, wenn man auf die Welt kommt. Aber: Der erste Laut ist der Herzschlag der Mutter – schon im Alter von vier Monaten hört der Embryo ihn. Allerdings weiß niemand, wie er mit seinem nagelneuen Ohr hört. (Os) Viel anfangen kann der Embryo mit den Lauten noch nicht. Er weiß nicht, woher sie kommen und wer sie erzeugt. (Os) Alles, was das Baby hört, wird über Schallwellen zu ihm gebracht. Wer das Hören verstehen will, (Ss) muss sich deshalb gründlich mit ihnen beschäftigen.*

3 *Ab welchem Alter können wir hören?*
Was ist das Erste, was man als Mensch in seinem Leben hört?
Wie hört der Embryo mit seinem nagelneuen Ohr?
Woher kommen die Laute und wer erzeugt sie?
Will jemand das Hören verstehen?

Seite 39

4 *Was Schallwellen eigentlich sind, ist nicht ganz klar. Indirekter Fragesatz (Was …?)*
Jeder weiß, dass Schallwellen entstehen, wenn Michael Schumacher seinen Ferrari auf Touren bringt, die Berliner Philharmoniker die Fünfte von Beethoven spielen oder der Lehrer sich auf ein Furzkissen setzt. dass-Satz
Doch wie die komischen Wellen ins Ohr kommen und was sie da machen, ist ziemlich rätselhaft. Indirekter Fragesatz (Wie? Was?)

5 *Beispiele: Die jungen Studenten wollten wissen, was eigentlich ein Tinnitus sei.*
Der Professor antwortete, dass jeder Mensch ein Eigengeräusch des Ohres habe, das normalerweise vom Gehirn herausgefiltert werde.
Dann erklärte der Professor, dass bei einem Menschen mit Tinnitus diese Filter nicht mehr funktionierten und (dass) sie ständig Pfeifen, Sirren und Zischen hörten (das lateinische Wort heiße: „Geklirre").
Jemand fragte, wodurch ein Tinnitus eigentlich ausgelöst werde.
Da erfuhren sie, dass sowohl Stress als auch laute Musik zu einem Tinnitus führen können.
Viele nahmen sich daraufhin vor, nicht mehr so laut Discman zu hören.

Seite 40

1 *Infinitiv = **fett***
Infinitivsatz = unterstrichen
hinweisende Wörter = unterlegt

*Gold ist selten, weil es meistens sehr viel Arbeit braucht, dieses Metall aus der Erde **zu holen**, und auch, weil es gehortet wird. Gold wurde zu Geld, und viel Geld **zu haben** bedeutet, reich **zu sein**. Deshalb fielen die Könige und Fürsten des Mittelalters immer erneut auf Scharlatane herein, die ihnen versprachen, Gold künstlich **herzustellen**. Diese Scharlatane nannte man Alchimisten, und ihre*

„Kunst", die „Alchimie", blühte vor allem in Deutschland und Nordeuropa.
Ihre Versuche, das heißbegehrte Metall aus irgendwelchen anderen Stoffen ***herauszukochen*** *oder* ***zusammenzubrennen,*** *ließen sich die Alchimisten fürstlich bezahlen.*
Bisweilen neigten sie dazu, ihren Auftraggebern golden aussehende Substanzen ***vorzuzeigen,*** *zum Beispiel Metallkrümel oder Kupfermischungen, die aber bald zerfielen. Aber dann hatten sich die Meister dieser „Geheimkunst" oft bereits aus dem Staube gemacht, nicht ohne sich vorher aus der Geldschatulle des geleimten Königs ein üppiges Honorar auszahlen* ***zu lassen.*** *Zumindest für ihren eigenen Bedarf war es ihnen mit ihrer Quacksalberei gelungen, Gold* ***herbeizuschaffen.***
Einer der Alchimisten hat es immerhin dazu gebracht, für seinen Scheinerfolg ***geadelt zu werden.*** *Kaiser Friedrich der Dritte ernannte seinen Hofalchimisten Richthausen zum „Baron von Chaos".*

2 *Die Goldgräber bemühten sich(,) auf eine Goldader zu stoßen.*
Sie träumten davon, reich zu werden.
Ein Alchimist versuchte(,) Gold herzustellen.

Seite 41 und 42 – Teste dich!

1 *a) HS + NS* 1
b) 1: A; 2: A, C; 3: B, H; 4: B, H; 5: B, E 10

2 *Lachen verbindet jene, die miteinander lachen.* 3
Relativsatz
Lachen kann so herzhaft sein, dass es ansteckend wirkt.
Konsekutivsatz (Folge: so … dass)
Der Wert dieses Signals erhöht sich, wenn es sich in der Gruppe ausbreitet. Konditionalsatz (Bedingung: wenn/falls)

3 *Wer nicht lacht, wird als störend empfunden.* 3
Subjektsatz
Wir bedauern, dass die eben aufgebauten Lachmuskeln wieder abschlaffen. Objektsatz
Wer zuletzt lacht, lacht am besten.
Subjektsatz

4 *Zum Beispiel:* 3
Uns Menschen ist ***das Lachen*** *als Verhaltensmerkmal genetisch einprogrammiert worden.*
Es *beruht auf einem Mechanismus zwischen den Nervenzellen eines bestimmten Gehirnareals. Einem Tier ist* ***das Lachen*** *nicht eigen, weil es diesen „Lach-Schaltkreis" nicht hat.*

5 (14)

Subjekt	*1, 13*
Prädikat	*3*
Dativobjekt	*14*
Akkusativobjekt	*2, 12*
Präpositionalobjekt	*9*
adverbiale Bestimmung	*4, 5, 6, 7, 8, 10, 11*

erreichbare Punkte: 34

Seite 43

1 *Wenn die Mama morgens schreit:*
„Aufstehn, Kinder, höchste Zeit!" –
sagt ein richtig braves Kind:
„Die spinnt!"
Zähneputzen, frische Socken
und zum Frühstück Haferflocken,
Vaters Sprüche: „Das macht stark!" –
alles Quark!

Wer am Morgen ohne Schimpfen,
Fluchen, Stinken, Naserümpfen
etwa brav zur Schule geht –
der ist blöd.

Lärmen, prügeln, Türen knallen,
allen auf die Nerven fallen,
grunzen, quieken wie ein Schwein –
das ist fein!

Und wenn Papa abends droht:
„Schluss mit Fernsehn, Abendbrot!" –
schreit doch jedes Kind im Haus:
„Raus!"
Trotzdem: Kinder, schützt eure Eltern!

b) Wenn Kinder immer sagen würden, was sie über die Erziehungsversuche ihrer Eltern denken, wäre das für die Eltern unerträglich. Deshalb sollen sich die Kinder ein wenig mit ihren Kommentaren zurückhalten.

2 *Eines Nachmittags bat Felix seinen Vater: „Spiel mit mir Fußball, Vati!" Doch dieser antwortete: „Ich hab keine Zeit." – „Dann kauf dir doch Zeit, Vati!", konterte Felix schlagfertig. Aber der Vater ließ sich nicht beirren und beendete das Gespräch mit der Versprechung: „Ich kauf mir ein Fahrrad, dann komme ich früher nach Hause und habe auch Zeit." Wenige Tage später – bei herrlichem Sommerwetter – versuchte Felix es erneut: „Geh mit mir schwimmen, Vati!" „Ich hab keine Zeit", erwiderte der Vater. Felix protestierte: „Du hast doch ein Fahrrad!" Aber der Vater vertröstete seinen Sohn erneut: „Das macht mich zu müd. Ich kauf mir ein Auto, dann bin ich ganz schnell zu Haus und habe auch Zeit." – „Zeigst du mir Bilder, Vati?", fragte Felix, der schon etwas mutlos war. Und wieder antwortete der Vater: „Ich hab keine Zeit." – „Aber du hast doch ein Auto!", jammerte Felix. „Das kostet viel Geld", fiel der Vater ihm ins Wort, „ich arbeite länger, bis es bezahlt ist. Dann habe ich Zeit." Da sparte der Junge die Zeit, sammelte alle verlorene Zeit – und als die Zeit gekommen war und der Vater das Zeitliche segnete, da kaufte der Junge einen Kranz für den Vati und die Zeit.*

Seite 44

1 *Behandeln alle Eltern auf der Welt ihr Baby gleich, weil es ein spontanes inneres Wissen darüber gibt, wie der Umgang mit Babys funktioniert? Oder werden zum Beispiel in afrikanischen Ländern Säuglinge ganz anders großgezogen als in Europa?*
Es gibt Verhaltensweisen, bei denen sich Mütter in allen Ländern gleichen, aber Forschungen haben doch ergeben, dass die Unterschiede erstaunlich groß sind. So wurden zum Beispiel Frauen aus dem westafrikanischen Nso-Stamm Filmaufnahmen von deutschen Müttern gezeigt, die ihr Baby auf den Boden legten. In Deutschland ist dies ein völlig normales Verhalten, das das kleine Kind anregen soll zum eigenständigen Spiel und zum Erproben der eigenen Fähigkeiten. Die afrikanischen Frauen hingegen ließen den deutschen Frauen, nachdem sie den Film gesehen hatten, ausrichten, dass sie dieses herzlose Verhalten doch unterlassen sollten. Sie hatten das Gefühl, dass eine Mutter, die ihr Kind liebt, es niemals so hilflos auf

dem Boden liegen lassen könne. Andersherum waren deutsche Mütter völlig empört, als sie sahen, wie afrikanische Frauen ihre Säuglinge schüttelten und rüttelten. Dieses in unseren Augen recht grobe Verhalten empfinden Afrikaner als Ausdruck besonderer Zuneigung. Im Nso-Stamm werden schon halbjährige Babys mit Stützen versehen, damit sie sehr früh laufen lernen, während man bei uns so lange wartet, bis das Kind auch wirklich selbst laufen möchte. Das dauert oft mehr als 15 Monate. Ein halbjähriges Kind in Deutschland kann meist gerade ein wenig über den Boden robben. Westafrikanische Frauen fragen deutsche Eltern, wie diese es fertigbringen, ihr Baby allein in seinem Bettchen schlafen zu lassen. Sie tragen ihre Säuglinge den ganzen Tag auf dem Rücken mit sich herum (,) und sie nehmen sie auch selbstverständlich mit zu sich ins Bett.

2 *Beispiele:*
Damit die Kinder möglichst früh ihr ganz individuelles Wesen ausprägen, sprechen deutsche Eltern von Anfang an viel mit ihrem Säugling und achten auf seine Reaktion.
In Westafrika ist ein frühes Laufenkönnen wichtig, da die Kinder möglichst früh kleine Aufgaben für die Gemeinschaft erledigen sollen.
In Deutschland hat ein Kind meist nur zwei Bezugspersonen, während im Nso-Stamm die ganze Großfamilie beim Aufziehen der Kinder mithilft.
In Deutschland suchen viele Mütter, die sich bei ihrer Erziehungsaufgabe allein gelassen fühlen, Rat bei Erziehungshandbüchern.

Seite 45 – Teste dich!

1 „Du kannst es dir aussuchen: Entweder du gehst ins Gefängnis(,) oder du kommst nach Camp Green Lake", sagt der Richter. Stanley entscheidet sich für das Camp, denn er will auch gern einmal Spaß haben wie in einem Feriencamp üblich. Da hat er sich aber gründlich getäuscht, mit Ferien hat dieses Camp nichts zu tun. Die ersten Worte von Mr Sir sind: „Du hast jeden Tag ein Loch zu graben." Das Camp liegt mitten in der brütend heißen Wüste, wo es nirgends Schatten gibt. Mal wieder scheint es zu stimmen, dass bei Familie Yelnats alles schlecht läuft. Ausgerechnet Stanley wird diesen Fluch, der schon seit hundert Jahren auf der Familie liegt, aber schließlich brechen. Zuerst allerdings muss er sich im Lageralltag mit all den schweren Jungs behaupten. Er freundet sich mit Zero an, weil dieser von Stanley das Lesen lernen will. Es folgt eine atemberaubende Flucht, bei der Stanley sein Leben riskiert, weil er seinen Freund nicht im Stich lassen will. Wer aber aus dem Camp abhaut, trifft auf Skorpione und Klapperschlangen (,) und die Geier warten schon. Am Ende wendet sich Stanleys Schicksal durch seinen großen Mut … Unglaublich ist diese Geschichte und so spannend, dass man beim Lesen alles um sich herum vergisst. 13

2 **1** C; **2** B; **3** A; **4** A; **5** C 5

3 **1:** Der nachgestellte NS wird vom HS durch Komma getrennt. 3
2: Der eingeschobene NS wird vom HS durch Komma abgetrennt.
3: Ein eingeschobener Redebegleitsatz wird von der wörtlichen Rede durch Komma getrennt. Die wörtliche Rede steht in Anführungszeichen.

erreichbare Punkte: 21

Seite 46

1

Alarm im Kottenforst	1, 2
Nur kahle Äste zeigen zum Himmel. Es ist Frühling und der sonst so grüne Kotten-	3, 1, 1, 3, 1, 2
forst bei Bonn ist nahezu entblättert. Nicht saurer Regen bzw. Autoabgase machen	2, 3, 1, 1
dem Laubwald zu schaffen, sondern unzählige Raupen, die lautlos über den Wald	1, 1, 1
herfallen. Das Wegfressen der Blätter ist für sie ein Werk von wenigen Tagen. Der	3, 6, 1, 1, 1, 3
Leiter der land- und forstwirtschaftlichen Bundesanstalt in Darmstadt, Max Mül-	1, 2, 2, 2, 2
ler, macht jedoch Hoffnung: „Seien Sie unbesorgt. Es sind die Larven des Frostspan-	1, 3, 5, 3, 1, 1
ners, die sich von frischen Knospen und Blättern ernähren. Aber da sie sich jetzt	1, 1, 3
verpuppen, können sich die Bäume im Sommer wieder erholen."	1, 1

2 Frostspannerraupen, kleinen, wenigen, Beinen, grünen, Blatt, megasatt, Doch, Blatt, Blüten, Blättern, Apfelbaum, ordentlich, Der, Apfelbaum, anzuschaun, Blätter, Äste, Traum, Doch, Raupen, fett, Seidenbett, Eingesponnen, Träumen, hohen, Apfelbäumen, Mahlzeit, Raupenschlund, kugelrund, So, Raupenkinder, Sommer, Herbst, Winter, Doch, Frost, Schmetterling, Welt

Seite 47

3 a) + b) Beim Frostspanner handelt es sich um einen Vertreter der Schmetterlinge. Die männlichen Falter haben im **Allgemeinen** hellgraue und graubraune Flügel, während die Stummelflügel der weiblichen Falter nicht zum **Fliegen** geeignet sind. Die Weibchen **legen** im Herbst 100 bis 200 Eier in Rindenvertiefungen der Bäume **ab**. Das **Schlüpfen** der kleinen Raupen, die sofort mit dem **Fressen** von Blättern und Blüten beginnen, erfolgt im Frühjahr. Man schmunzelt immer wieder über das komische **Kriechen** oder **Laufen**. Diese spannerartige Fortbewegung ist bedingt durch die Bauchfüße der Raupe, wobei sie bei Berührung auch einen Buckel macht („Katzenbuckel"). Im Herbst **schlüpfen** die Falter. Wegen der ersten Nachtfröste in dieser Schlupfzeit nennt man sie Frostspanner. Etwas **Leckeres** sind Raupen für die Vögel, die sie für ihre Jungenaufzucht im Frühjahr benötigen. Aber auch Hühner **picken** die Raupen unter den Bäumen **auf**.

c) **Artikel:** das Schlüpfen, dem Fressen
Präposition: im Allgemeinen, zum Fliegen
vorangestelltes Adjektiv: das komische Kriechen oder Laufen
Pronomen oder Mengenangabe: etwas Leckeres

Seite 48

4 *__Agathe:__ Ihre großen Ohrringe waren das Eleganteste, was ich je gesehen habe.*
Jedenfalls bemühte sie sich auf das Eifrigste um Dettmer.
Dass sie sich am Schluss endlich küssten, war das Schönste in der Sendung.
Gerade diese Doppeldeutigkeiten sind mir am liebsten.
Nun, der Kuss am Ende war doch das Beste der Sendung.
__Evelyn:__ Igitt! Das Netteste an der Inge war, dass sie nur kurz in der Serie auftauchte.
Sie ist am elegantesten, wenn sie nicht so sehr mit Schmuck behängt ist.
Am eifrigsten übte sie eher den verführerischen Augenaufschlag.
Am schönsten aber fand ich den eigenartigen Gesichtsausdruck Dettmers.
Das Liebste sind mir Ehrlichkeit, Geradlinigkeit, Zuverlässigkeit.
Am besten war das Ende der Sendung.

Seite 49

5 *seit einigen Tagen, gestern, samstags abends, übermorgen, die nächsten Wochen, nachmittags, am Dienstag, ein langer Nachmittag, am Sonntag*

6 *Der Unterricht geht morgen bis zur fünften Stunde. Anschließend treffe ich mich am Mittag mit Juliane in der Imbissbude „Paprika". Danach interviewe ich nachmittags die Jonglier-AG wegen der Talentshow. Die Geburtstagsparty bei Juliane ist morgen Abend.*

Seite 50

7 *Neues, Allgemeinen, Aufregendes, neue, Nützliche, große, Überzeugendes, Eigenes, Unangenehmes, Gutes, gezeichneten, richtig, Ärgerliches, Liebe*

8 *allerlei Interessantes, viel Ungerechtes, nichts Gutes, viel Freches, etwas Kleinliches*

Seite 51

9 *Zum diesjährigen Wettbewerb unserer Schule mit dem Thema „Gewalt – warum?" wurden insgesamt 45 Arbeiten aus der Jahrgangsstufe fünf bis zehn abgegeben und nur drei aus der Oberstufe. Zwar haben viele literarische Texte gewählt, von einigen kamen aber gestalterische Arbeiten. Davon haben einige Skulpturen angefertigt, andere Bilder gezeichnet. Die Jury erkannte einstimmig der Arbeit von David aus der neunten Klasse den ersten Preis zu, da diese von allen Arbeiten die beeindruckendste war. David hatte schon zweimal am Wettbewerb teilgenommen und diesmal zum ersten Mal einen Preis gewonnen. Nicolette aus der siebten Klasse war die Zweite, Elisabeth aus der sechsten Klasse war die Dritte. Das Preisgeld ging zwar nicht in die Millionen, betrug aber immerhin 300 Euro.*

	Kleinschreibung	*Großschreibung*	*Ziffern*
Kardinalzahlen	*fünf, zehn, drei, zweimal*	*Millionen*	*45, 300*
Ordinalzahlen	*neunten, ersten, ersten, siebten, sechsten*	*die Zweite, die Dritte*	
Unbestimmte Zahlbegriffe	*viele, einigen, einige, andere, allen*		

10 *vier (K), zwei (K), einem (K), einer (K), Erste (O), ein Drittel (K), Zweite (O), Dritte (O), ein Drittel (K), zwei Sechstel (K), vier (K), zehn (K)*

Seite 52

11 *__Ableitungen auf -er:__ Thüringer Bratwürste, Lübecker Marzipan, Nürnberger Lebkuchen, Kölner Karneval*
__Ableitungen auf -isch:__ spanische Tortilla, holländischer Käse, analytische Geometrie, böhmische Dörfer
__Eigennamen:__ Französische Republik, Mecklenburgische Seenplatte, Pazifischer Ozean

12 *Fränkische Schweiz, Schwäbische Alb, Karibische Inseln, Griechische Republik, Atlantischer Ozean*

Seite 53 – Teste dich!

1 *b) __1:__ Wörter, die auf __-heit, -keit, -nis, -ung, -tum, -schaft__ enden, sind Nomen und werden deshalb großgeschrieben.* 6
2: Herkunftsbezeichnungen mit Ableitungen auf -isch werden kleingeschrieben, wenn sie nicht Bestandteil eines Eigennamens sind.
3: Siehe 1.
4: Herkunftsbezeichnungen mit Ableitungen auf -isch werden großgeschrieben, wenn sie Bestandteil eines Eigennamens sind.
5: Bei kombinierten Tageszeitangaben schreibt man die Adverbien klein und die Nomen groß.
6: Verben und Adjektive werden großgeschrieben, wenn sie im Satz als Nomen verwendet werden.

2 *Erst im zweiten Anlauf gelang dem __b__ritischen Tauchroboter das __D__urchtrennen der Kabel, in denen sich das __r__ussische Klein-U-Boot __v__orgestern __A__bend verfangen hatte. Nach dem __H__eben des Bootes konnte die Besatzung aus eigener Kraft aussteigen. Konteradmiral Pepeljajew teilte mit: „Die Aktion zeigte viel __E__rfreuliches, denn wir haben in Taten erlebt, was __B__rüderlichkeit bedeutet."* 11

3 *Der britische Tauchroboter wurde auf Bitte der russischen Marine eingeflogen. Auch die USA taten ihr Bestes und schickten Rettungsausrüstung, die aber nicht mehr zum Einsatz kam. Der Marinestab in Moskau betonte: „Die Rettung der sieben Matrosen ist im Wesentlichen den britischen Spezialisten zu verdanken."* 7

erreichbare Punkte: 24

Seite 54

1 *Das Au-pair-Mädchen muss Kinder hüten. / Die Haushälterin muss Wäsche bügeln. / Die Lehrerin muss Noten geben. / Der Nachbar muss die Straße kehren. / Alle müssen Zähne putzen. / Die Kinder müssen Hausaufgaben machen. / Die Putzhilfe muss Staub saugen.*

2 *das Radfahren, das Zähneputzen, das Klavierspielen, das Haarekämmen, das Segelfliegen*

Seite 55

3 *blank reiben, fernsehen, ernst nehmen, gründlich säubern, lästig fallen, hochheben, blaumachen*

4 *freigesprochen, frei sprechen, groß schreiben, großschreiben, gut schreiben, gutgeschrieben*

Seite 56

5 *Mein Bruder muss jetzt fahren lernen. / Die Arbeit darf heute liegenbleiben. / Lass uns schnell etwas essen gehen. / Bei dem Wetter soll man lieber baden gehen. / Die Dame hat ihn sitzenlassen. / Das sollten wir ruhen lassen. / Die Briefmarke will nicht kleben bleiben. / Mein Federmäppchen darf nicht liegen bleiben.*

6 *los sein, da sein, fertig sein, zurück sein, leid sein, zusammen zu sein, vorbei sein*

Seite 57

7

Präsens	*Perfekt*	
Wir übernehmen die Aufgabe.	*Wir haben die Aufgabe übernommen.*	*u*
Sie durchqueren die Wüste.	*Sie haben die Wüste durchquert.*	*u*
Der Hund wirft mich um.	*Der Hund hat mich umgeworfen.*	*t*
Er läuft davon.	*Er ist davongelaufen.*	*t*
Sie macht viel durch.	*Sie hat viel durchgemacht.*	*t*
Sie stimmen absolut überein.	*Sie haben absolut übereingestimmt.*	*t*
Das spiegelt ihre Einstellung wider.	*Das hat ihre Einstellung widergespiegelt.*	*t*
Er widerspricht dem Vorwurf.	*Er hat dem Vorwurf widersprochen.*	*u*

u = untrennbar, t = trennbar

8 *stattgegeben, heimgehen, kundgegeben, fehlgeschlagen, standhalten, wettgemacht*

Seite 58 – Teste dich!

1 *Meine Eltern, meine beiden Brüder und ich wollen heute, am Sonntag, einmal die ganze Zeit* ***zusammen sein.*** *Morgens* ***frühstücken*** *wir gemeinsam, Papa und Mama dürfen heute nicht* ***Zeitung lesen!*** *Dann gehen wir in die Kirche* ***Gottesdienst feiern.*** *Da der Pastor noch ziemlich* ***jung ist,*** *uns Kinder* ***ernst nimmt*** *und in der Predigt mit uns* ***frei spricht*** *und auch* ***Witze macht,*** *muss man ihn einfach* ***gut finden.*** *Nach der Kirche wollen Mama und Papa* ***spazieren gehen,*** *aber wir Kinder möchten lieber* ***Rad fahren.*** *Bevor wir* ***losfahren,*** *müssen wir noch Proviant und Badesachen* ***zusammenpacken,*** *damit wir* ***baden gehen*** *und ein* ***Picknick machen*** *können. Am See kann man* ***sonnenbaden, Wasser treten*** *und den Surfern* ***zugucken,*** *und auch sonst gibt es viel* ***zu sehen.*** *Bevor wir* ***heimfahren,*** *gehen wir noch* ***Eis essen.*** *Papa und Mama möchten lieber* ***Kaffee trinken.*** *Als wir zu Hause* ***ankommen,*** *ist die Sonne schon fast* ***untergegangen.*** 24

2 *Nur Regel 2 ist falsch.* 3

erreichbare Punkte: 27

Seite 59

1 *interkulturellen, Teamarbeit, Gymnasium, Collage, Thema, Nationen, Kulturen, individuell, Aktion, präsentieren, kreative, konventionell, mobile Laptop-Einheit, Chance, digital, integrieren, resümiert, experimentiert, Genie, originellen, Dialogs, Kulturen, Collage, Foyer, installiert*

Seite 60

2

Nomen	*Adjektiv*	*Bedeutung*
Physik	*physikalisch*	*Naturwiss., die die Grundgesetze der unbelebten Natur untersucht*
Technik	*technisch*	*Einrichtungen und Verfahren, die dazu dienen, naturwiss. Erkenntnisse nutzbar zu machen*
Zoologie	*zoologisch*	*Tierkunde*
Musik	*musikalisch*	*Tonkunst*
Mechanik	*mechanisch*	*Wiss. vom Gleichgewicht und von der Bewegung der Körper unter dem Einfluss der Kräfte*
Akustik	*akustisch*	*Lehre vom Schall*
Ökologie	*ökologisch*	*Wiss. von den Beziehungen der Lebewesen zu ihrer Umwelt*
Informatik		*Wiss. von den elektronischen Datenverarbeitungsanlagen und ihrer Anwendung*
Optik	*optisch*	*Wiss. vom Licht, seiner Entstehung, Ausbreitung und Wahrnehmung*
Biologie	*biologisch*	*Wiss. von der belebten Natur (Pflanze, Tier, Mensch)*
Genetik	*genetisch*	*Vererbungslehre*

3 *Generalmusikdirektor, Reggae, Sound, Akkord, Dirigent, Sonate, Etuede*

Seite 61

4 *a)*

Nomen	*Verb*	*Ergebnis*
Addition	*addieren*	*Summe*
Subtraktion	*subtrahieren*	*Differenz*
Multiplikation	*multiplizieren*	*Produkt*
Division	*dividieren*	*Quotient*

b) Die Produkte ihrer mehrtägigen Projektarbeit präsentierten die Klassen am Tag der offenen Tür. Die Einnahmen aus den verschiedenen Aktionen an diesem Tag addierten sich zu einer Summe in Höhe von 800 Euro. Allerdings gab es später Differenzen zwischen verschiedenen Schülervertretern, was mit den Einnahmen zu machen sei.

c) Geometrie, Trapez, Quadrat, Pyramide, Symmetrie, Parallelogramm, Koordinatensystem, Tabellenkalkulation, Rechenoperation, Relation, Tangente, Variable, Potenz, Parabel

Seite 62

1 *Ader, Igel, über – En-de, Au-to, Do-se – Rit-ze, Wie-se, Wes-pe – Elend, Acker, Abend – Ap-fel, Bo-xer, le-sen – Stra-ße, ern-ste, Schu-he – op-fern, di-cker, nä-hern – imp-fen, rei-ßen, Kat-zen*

2 *Haupt-stadt, Haupt-städ-te, Haupt-weg, Haupt-we-ge, Haupt-teil, Haupt-tei-le, Rück-sicht, Rück-sich-ten, Rück-weg, Rück-we-ge*

Seite 63 – Teste dich!

1 *a) -logie, -ion, -iv, -ieren, -ik, -ie* 6
b) + c) *b) 18 c) 18*
-logie: Psy|cho|lo|gie, Ter|mi|no|lo|gie, Ar|chäo|lo|gie
-ion: Lek|ti|on, Sta|ti|on, Re|vo|lu|ti|on
-iv: in|for|ma|tiv, ob|jek|tiv, ar|gu|men|ta|tiv
-ieren: stu|die|ren, mar|schie|ren, gar|nie|ren
-ik: Sta|tik, Gram|ma|tik, Rhe|to|rik, Fan|tas|tik
-ie: Che|mie, Fo|to|gra|fie, In|dus|trie

2 *Klas-sen-ar-beits-no-ten-spie-gel, The-ater-ar-beits-ge-mein-schafts-ge-ne-ral-pro-be, Fuß-ball-welt-meis-ter-schafts-über-tra-gungs-zen-trum* 3

erreichbare Punkte: 45

Seite 64

1 *b) + c)* ***Wörter mit zwei oder mehr verschiedenen Konsonanten nach betontem kurzem Vokal:*** *ich, verfilzt, und, ist, Waschpulver, gründlich, schrumpelt*
Wörter mit „ch" nach betontem kurzem Vokal: *ich, doch, gedacht, macht, sich*
Wörter mit „sch" nach betontem kurzem Vokal: *gewaschen, Waschwanne, Waschpulver, gewaschen*
Sonderformen tz/ck: *verschmutzt, trocknen, jetzt*
Wörter mit verdoppeltem Konsonanten nach betontem kurzem Vokal: *Schatten, all, Waschwanne, reingeschüttet, Sonne, lassen, hätte, dass*

Seite 65

2 *Stofffetzen, Mettwurst, Zifferblatt, Balletttänzer, Schlussstrich, Schutttransporter, Müllsack, Kompottschüssel, Sauerstoffflasche*

3 *Klassenarbeit, Vanessa, mürrisch, ganzen, Nachmittag, geackert, soll, Dutzend, Eselsbrücken, gilt, kann, wenn, Bammel, isst, mitten, Stunde, Butterbrot, schmatzt, trommelnde, will, schnell, Schluck, Geräuschkulisse, platzt, Neumann, fast, rollt, knurrt, Interessen, entgegenkommt*

4

M	O	K	K	A				
A	K	K	U	S	A	T	I	V
K	A	K	E	R	L	A	K	E
K	O	L	L	E	K	T	I	V
A	K	K	O	R	D	E	O	N
R	E	K	O	R	D			
O	K	T	O	B	E	R		
N	E	K	T	A	R	I	N	E
I	N	T	A	K	T			

Seite 66

1 ***hl:*** *kahl, wählen, besohlen, Frühling, kühl, Fohlen, befehlen, Kehle*
hm: *Rahm, zähmen, rühmen, Rahmen*
hn: *Hühner, Fahne, Lohn, Mohn, Zahn*
hr: *ausführlich, Gefährte, bohren, Zufuhr*
langer Vokal: *Gelegenheit, Tun, überlegen, Ebene, Puderdose, Minute, Menü, Kajüte, Besuch, Betrug, planen*

Seite 67

2 *Schokolade, Kokosfett, rühren, mehrere, Bananen, schälen, nehme, Porzellanschüssel, Bananengeschmack, Schneebesen, sahnige, Creme, rühren, lagenweise, Schokoladensoße, Glasschalen*

3

Verben/ Adjektive	*Nomen*	*Verben/ Adjektive*	*Nomen*
wahr	*die Wahrheit*	*strahlen*	*die Strahlung*
einführen	*die Einführung*	*vermählen*	*die Vermählung*
zahm	*die Zähmung*	*kühlen*	*die Kühlung*
verjähren	*die Verjährung*	*sehnen*	*die Sehnsucht*
sühnen	*die Sühne*	*wähnen*	*der Wahn*
rühren	*die Rührung*	*hohl*	*die Höhle*
erfahren	*die Erfahrung*	*fühlen*	*das Gefühl*
wählen	*die Wahl*	*belohnen*	*die Belohnung*
sahnig	*die Sahne*	*fahren*	*die Fahrt*
kühl	*die Kühle*	*früh*	*die Frühe*
wühlen	*das Gewühl*	*nähen*	*die Naht*
rühmen	*der Ruhm*	*erzählen*	*die Erzählung*
mehlig	*das Mehl*	*befehlen*	*der Befehl*

Seite 68

4 *Ohne Moos nix los.*
Der Vergleich der beiden Personen ist an den Haaren herbeigezogen.
Die beiden Kinder wurden später ein verliebtes Pärchen.
Die Welt ist klein, wir sitzen alle in einem Boot.
Die Zuschauer lobten die Theateraufführung über den grünen Klee.
In der nächsten Woche ist der Inhalt der Zeitung längst Schnee von gestern.
Alle Flüsse fließen ins Meer.
Er legte jedes Wort auf die Goldwaage.

5 *Segelboot, Mittelmeer, Maat, Mahl, bot, zögernd, Kaffee, Bohnen, mahlen, mehr, leer, wahr, Kapitän, quer, Speisesaal, zweimal, Tee, viermal, Beerensaft, Lehre, Maat, nehme, dreimal, mehr, Ware*

Seite 69

1 *ZIEREN → ZIEHEN → ZIELEN → SCHIELEN*
SCHIEBEN → LIEBEN → LIEGEN → BIEGEN
WIEGEN → SIEGEN → STIEGEN → STIEREN

2

	Nomen	*Verb*
Tonkunst	*die Musik*	*musizieren*
Widerspruch	*der Protest*	*protestieren*
Gerichtsverhandlung	*der Prozess*	*prozessieren*
Fernsprecher	*das Telefon*	*telefonieren*

3

				P	A	N	T	O	M	I	M	E
					P	I	L	O	T			
					F	I	G	U	R			
				M	E	D	I	Z	I	N		
		V	I	O	L	I	N	E				
			K	U	S	I	N	E				
			K	L	I	N	I	K				
R	O	U	T	I	N	E						
				T	E	R	M	I	N			

Seite 70

4 *1. widerrufen; 2. widerrechtlich; 3. wiederholen; 4. Wider besseres Wissen; 5. widerspenstig; 6. widersprach, widerstrebt mir, wiederum; 7. den Widerstand, Wiederholung; 8. den Widerspruch; 9. wieder tun*

Seite 71

1 *a) Schreibe einfaches s, wenn es bei Verlängerungen stimmhaft wird.*
b) Kreis → Kreise, Fuß → Füße, Greis → Greise, Floß → Flöße, Gans → Gänse, Strauß → Sträuße, Hausschlüssel → Häuser, Grasbüschel → Gräser, Spaßvogel → Späße, Preisschild → Preise, Losverkäufer → Lose, Fußstapfen → Füße

2 ***ss:*** *Lassen, Schlussverkauf, muss, Wasser*
ß: *Groß, genießen, Spaß*
stimmloses s: *Alles, ist, preiswerter, sorglos, des, Geldes*
stimmhaftes s: *Sie, sich, Gesundheit, sein, Sonne, sorglos*

Seite 72

3

Infinitiv	***Präsens Singular***	***Präteritum Singular***	***Nomen***
müssen	*sie muss*	*er musste*	*das Muss*
wissen	*er weiß*	*sie wusste*	*das Wissen*
schießen	*sie schießt*	*er schoss*	*der Schuss*
essen	*er isst*	*sie aß*	*das Essen*
hassen	*sie hasst*	*er hasste*	*der Hass*
gießen	*er gießt*	*sie goss*	*der Guss*
fließen	*sie fließt*	*er floss*	*der Fluss*
stoßen	*er stößt*	*sie stieß*	*der Stoß*
schließen	*sie schließt*	*er schloss*	*der Schluss*
fassen	*er fasst*	*sie fasste*	*das Fass*
erlassen	*sie erlässt*	*er erließ*	*der Erlass*

4 *fast, Samstag, Wasserkuppe, vorhergesagt, los, eisige, fast, Schleusen, durchnässt, Passhöhe, schließlich, Glücklicherweise, wusste, wies, aufriss, fahrlässig, Straßenkreuzung, organisierte, das*

Seite 73

5 ***Das (D)*** *ist* ***das (A)*** *nette Mädchen, in* ***das (R)*** *sich Karsten angeblich verliebt hat. Er hat mir* ***das (D)*** *jedenfalls im Vertrauen erzählt.* ***Das (A)*** *Mädchen weiß wohl schon von seinem Glück, obwohl es sich* ***das (D)*** *nicht anmerken lässt. Karsten hat auch schon ein cooles Geschenk gekauft,* ***das (R)*** *er nun voller Stolz in eine kleine Kiste eingepackt hat.* ***Das (A)*** *Geld,* ***das (R)*** *er für die kleine Überraschung benötigte, hatte er zwar nicht ganz flüssig, aber da ihm seine jüngere Schwester aushalf, ließ sich* ***das (D)*** *alles machen. Ist* ***das (D)*** *alles aufregend!*

6 *Demonstrativpronomen (D), Konjunktion (K), Relativpronomen (R)*

Dass (K) *das möglich ist!*
Die Schülerinnen und Schüler der Klasse 7c wollten das erste Wochenende, ***das (R)*** *es im Mai gab, gemeinsam in der Eifel verbringen.* ***Dass (K)*** *es im Mai sein sollte, hatten sie mit ihrem Klassenlehrer, Herrn Meurer, bereits vor den Weihnachtsferien beschlossen. Dieses Mal würde das Zusammensein,* ***das (R)*** *als Selbstversorgerprojekt geplant war, vermutlich zu einer echten Herausforderung werden. Darauf deutete auch hin,* ***dass (K)*** *der Ausflug sie alle in die tiefste Eifel führen würde.*
Dass (K) *die Planung schon so viele Überlegungen, aber auch Spaß mit sich bringen würde,* ***das (D)*** *hätte niemand vorher erwartet. Alle waren sich einig,* ***dass (K)*** *angefangen vom Einkaufen bis hin zum Spülen alles gemeinsam gemacht werden sollte.* ***Das (D)*** *würde nicht immer ohne Konflikte über die Bühne gehen. Doch alle waren sicher,* ***dass (K)*** *das gemeinsame Tun letztendlich die Klassengemeinschaft stärken würde.*
Somit beschloss die Klasse, ***dass (K)*** *sie das Unternehmen im nächsten Jahr gern wiederholen würde, sofern es diesmal gelänge.*

Seite 74 – Teste dich!

1 *Der Anblick eines Raben, der auf einem Baum saß, und der Geruch des Käses, den er im Schnabel hatte, erregten die Aufmerksamkeit eines Fuchses. „Wenn du ebenso schön singst, wie du aussiehst", sagte er, „dann bist du der beste Sänger, den ich je erspäht und gewittert habe." Der Fuchs hatte irgendwo gelesen – und nicht nur einmal, sondern bei den verschiedensten Dichtern –, dass ein Rabe mit Käse im Schnabel sofort den Käse fallen lässt und zu singen beginnt, wenn man seine Stimme lobt. Für diesen besonderen Fall und diesen besonderen Raben traf das jedoch nicht zu.* 22

2 *„Man nennt dich schlau, und man nennt dich verrückt", sagte der Rabe, nachdem er den Käse vorsichtig mit den Krallen seines rechten Fußes aus dem Schnabel genommen hatte. „Aber mir scheint, du bist zu allem Überfluss auch noch kurzsichtig. Singvögel tragen bunte Hüte und farbenprächtige Jacken und helle Westen, und von ihnen gehen zwölf aufs Dutzend. Ich dagegen trage Schwarz und bin absolut einmalig."*
„Ganz gewiss bist du einmalig", erwiderte der Fuchs, der zwar schlau, aber weder verrückt noch kurzsichtig war. „Bei näherer Betrachtung erkenne ich in dir den berühmtesten und talentiertesten aller Vögel, und ich würde dich gar zu gern von dir erzählen hören. Leider bin ich hungrig und kann mich daher nicht länger hier aufhalten." 16

3 „Bleib doch ein Weilchen", bat der Rabe. „Ich gebe dir auch etwas von meinem Essen ab." Damit warf er dem listigen Fuchs den Löwenanteil vom Käse zu und fing an, von sich zu erzählen. „Ich bin der Held vieler Märchen und Sagen", prahlte er, „und ich gelte als Vogel der Weisheit. Ich bin der Pionier der Luftfahrt, alle Wissenschaftler und Gelehrten wissen, dass meine Fluglinie die kürzeste Entfernung zwischen zwei Punkten ist. Zwischen beliebigen zwei Punkten", fügte er stolz hinzu. 18
„Oh, zweifellos zwischen allen Punkten", sagte der Fuchs höflich. „Und vielen Dank für das Opfer, das du gebracht, indem du mir den Löwenanteil vermacht hast." Gesättigt lief er davon, während der hungrige Rabe einsam und verlassen auf dem Baum zurückblieb.

erreichbare Punkte: 56

Seite 75

1 Zeile 1/2: Name, Beruf, Lebensdaten
Zeile 3–7: Entdeckungen und Forschungen
Zeile 8–10: Beruflicher Werdegang
Zeile 11–13: Veröffentlichungen/Werke

2 a) Thema: Leben und Entdeckungen des Forschers Cassini
b) Mögliche Fragen:
1. Wann lebte Cassini?
2. Wo lebte und arbeitete er?
3. Welchen Beruf hatte er?
4. Welche Karriere machte er? / Welchen beruflichen Werdegang hatte er?
5. Welche Entdeckungen machte er?

c) Schlüsselwörter:
Cassini, 1625, 1712, französischer Astronom und Mathematiker, 1650, Professur für Mathematik und Astronomie, Universität von Bologna, geozentrischen Theorie, Sternwarte, Kometen, Rotationsdauer von Jupiter, Venus, Mars, Oberflächen der Planeten, Abplattung des Jupiters, Polkappen des Mars, 1669, König Ludwig XIV., Akademie der Wissenschaften, Paris, 1670, Direktors, Sternwarte, Iapetus, Rhea, 14 Himmelskörper, Verherrlichung, Ludwig XIV., 1675, Cassini-Teilung, 1683, Zodiakallicht, zwei weitere Saturnmonde, Dione, Tethys, 1684

Sinnabschnitte und mögliche Überschriften:
Z. 1–4: Name, Lebensdaten, Beruf
Z. 5–10: Professur in Bologna
Z. 11–14: Beobachtungen und Entdeckungen
Z. 15–20: Beruflicher Werdegang
Z. 21–33: Entdeckungen

Seite 76

3 Planeten sind große Himmelskörper, die sich auf kreisähnlichen Bahnen um die Sonne drehen.
Monde sind Himmelskörper, die sich um Planeten drehen.
Kometen sind kleine Himmelskörper, die sich auf langgestreckten Bahnen um die Sonne bewegen.

4 Ja, denn Cassini und Huygens arbeiteten zur gleichen Zeit an der Akademie der Wissenschaften in Paris (Huygens: 1666–81, Z. 9/10; Cassini: 1669–1712, Z. 2, 16).

5

Fachwort, Fremdwort	Mögliche Bedeutung im Kontext	Erklärung laut Wörterbuch
geozentrisch (Z. 7)	alle Planeten und die Sonne drehen sich um die Erde	auf die Erde als Mittelpunkt bezogen
Rotationsdauer (Z. 12)	Rotation = Drehung der Planeten	Dauer der Drehung der Planeten um die eigene Achse
Abplattung (Z. 14)	Abflachung der Planeten	im Vergleich zur Kugelform stellenweise abgeplattete Oberfläche
Zodiakallicht (Z. 28)	Licht zwischen den Planeten durch reflektierendes Sonnenlicht	pyramidenförmiger Lichtschein in der Richtung des Tierkreises

6 Möglicher Lexikonartikel:

Cassini, Giovanni Domenico:	*Name*
französischer Astronom und Mathematiker	*Beruf*
(1625–1712).	*Lebensdaten*
Er berechnete die Rotationsdauer von Jupiter, Venus und Mars und entdeckte die Abplattung des Jupiters sowie die Polkappen des Mars. 1671/72 entdeckte er die Saturnmonde Iapetus und Rhea. 1675 beobachtete Cassini eine Lücke im Ring des Saturns, die Cassini-Teilung. Außerdem beschrieb er 1683 das Zodiakallicht. 1684 gab er die Entdeckung der Saturnmonde Dione und Tethys bekannt.	*Entdeckungen*
Cassini war seit 1650 Professor für Mathematik und Astronomie in Bologna, wurde 1669 Mitglied der Französischen Akademie der Wissenschaften und übernahm 1670 die Direktion der Pariser Sternwarte.	*Beruflicher Werdegang*

Seite 77

2 D

Seite 78

3 a) Mögliche Schlüsselwörter:
2004, Trennung, 1,2 Milliarden Kilometer, 14. Januar 2005, Landeflug, 18 000 km/h, enorm abgebremst, 1.400 km/h, Hitzeschild, Reibung, 180 Kilometern Höhe, 300 km/h, Sinkflug, Fallschirme, Erforschung, Atmosphäre, Temperatur, Dichte, Druck, Windstärke, Zusammensetzung der Titanatmosphäre, Bildaufnahmen, Aufprall, 18 km/h, Mondoberfläche, 350 Bilder, Rückschlüsse, Entstehung von erdähnlichen Himmelskörpern, Stickstoff, Kohlenstoffverbindungen, minus 180 Grad, Windgeschwindigkeiten von ca. 700 km/h, Erkenntnisse, Leben

b) Mögliche unbekannte Wörter:

Mission:	Auftrag, Entsendung
NASA:	**N**ational **A**eronautics and **S**pace **A**dministration (Nationale Luft- und Raumfahrtbehörde der USA)
ESA:	**E**uropean **S**pace **A**gency (europäische Weltraumbehörde)
Raumsonde:	unbemannter Flugkörper für wissenschaftliche Messungen im Weltraum

Atmosphäre:	*Gashülle eines Gestirns*
Reibung:	*Widerstand, der bei der Bewegung zweier sich berührender Körper auftritt*
Dichte:	*Verhältnis von Masse zu Volumen*
Druck:	*auf eine Fläche wirkende Kraft*
Stickstoff:	*farb- und geruchsloses Gas*
Kohlenstoffverbindungen:	*Verbindung von Kohlenstoff (nichtmetallisches Element/Grundbestandteil) mit anderen Elementen*

4

1997: Start der Cassini-Huygens-Mission

↓

2004: Trennung der Raumsonde Huygens vom Raumfahrzeug Cassini

↓

14. 1. 2005: Landung von Huygens auf dem Titan

↓

Huygens: Erforschung der Titanatmosphäre und der Titanoberfläche

↓

Huygens: Sendung von Daten an Cassini, Cassini: Sendung der Daten an die Erde

↓

Huygens: Ende der Mission, Cassini: Erforschung des Saturns bis 2008

5 *B*

6 *Nein, denn es ist von keiner anderen Raumsonde die Rede, die Huygens und Cassini kurz nach der Trennung hätte fotografieren können.*

7 *Mögliche Zusammenfassung:*
Die Cassini-Huygens-Mission (1997–2008) ist ein Gemeinschaftsprojekt von NASA und ESA und dient der Erforschung des Saturns, seiner Ringe und seiner Monde. Die Raumsonde Huygens trennte sich im Dezember 2004 vom Raumfahrzeug Cassini und landete im Januar 2004 auf dem Titan. Beim Landeanflug und nach der Landung erforschte die Sonde die Atmosphäre und die Oberfläche des Saturnmondes. Die Daten, u.a. viele Bilder, wurden durch Cassini zur Erde übertragen.
Da der Titan mit seiner Atmosphäre der Erde vor Beginn des Lebens ähnelt, lassen sich aus den Daten wichtige Erkenntnisse über die Entstehung des irdischen Lebens gewinnen. Cassini wird bis zum Jahr 2008 in 70 Umrundungen vor allem die Ringe des Saturns erforschen.

Seite 79

8
a) *Die Saturnmonde und ihr jeweiliges Entdeckungsjahr werden genannt.*
b) *Die erste Säule veranschaulicht die Größe des Saturnmondes Titan.*
c) *Cassini entdeckte Rhea, den zweitgrößten Saturnmond (S. 76, Z. 22).*
d) *Die größeren Monde wurden früher entdeckt als die kleineren.*

9
a) *Die Zahl 18 000 gibt die Geschwindigkeit in km/h an, mit der Huygens den Landeanflug auf den Titan begann.*
b) *In den ersten drei Minuten wurde die Sonde durch die Reibung mit der Atmosphäre extrem stark abgebremst. Danach war die Abbremsung weniger stark, weil die Sonde in den ruhigeren Sinkflug überging.*
c) *S. 77, Z. 29–41*

Seite 81

1

6 einen Einleitungssatz formulieren	*4 Sinnabschnitte in Stichworten oder einer Überschrift zusammenfassen*
2 beim zweiten Lesen Schlüsselwörter markieren	*1 den Text gründlich lesen*
5 die W-Fragen beantworten	*3 den Text nochmals lesen und in Sinnabschnitte gliedern*

2
a) *Mögliche unverständliche Wörter:*

Barbier:	*der Herrenfriseur*
kalte Eisen:	*Messer*
Kirchweihe:	*Einweihung einer Kirche; Jahrestag der Einweihung, der oft mit einem Jahrmarkt gefeiert wurde*
Zunder:	*Feuerschwamm, wurde früher zum Feueranzünden verwendet*
Fließpapier:	*Löschpapier*
Gurgel:	*die Kehle*

b) *Mögliche Schlüsselwörter:*
Spätjahr, Wirtshaus zu Segringen, Fremder, Armee, starken Bart, Wirt, Barbier, rasieren, Bart abnehmen, kitzlige Haut, nicht … schneidet, vier Kronentaler, stech … tot, erschrockene Mann, springt er fort, Gesellen, springt … fort, Lehrjungen, Ich wag's, glücklich, ohne Blut, Mut, Lehrjunge, wär zuvorgekommen, hätt' Gurgel abgehauen, Schrecken, Todesangst, einen Kronentaler extra, zu keinem Barbier mehr gesagt

3
a) *ein Fremder von der Armee, ein Wirt, ein Barbier, sein Geselle, sein Lehrjunge*

Seite 82

3
b) *B, F*
c) *A, B*
d) *B, C*
e) *B*

Seite 83

4
b)

Zeile 1–13:	*Das Anliegen des Fremden: Rasur gegen gute Bezahlung, aber Erstechen bei Verletzung*
Zeile 13–19:	*Barbier und Geselle lehnen das Angebot aus Angst ab*
Zeile 19–24:	*Lehrjunge hat einen Plan und nimmt das Angebot an*
Zeile 24–33:	*Erfolgreiche Rasur durch den Lehrjungen*
Zeile 34–40:	*Bezahlung und Nachfrage des Fremden: Woher der Mut?*
Zeile 40–46:	*Aufdecken des Plans: Lehrjunge hätte den Fremden umgebracht, bevor dieser ihm etwas hätte antun können*
Zeile 46–48:	*Wirkung auf den Fremden*

5 a) Zu 1: Angaben zu Titel und Entstehungszeit fehlen; mit „Mut und Feigheit" sind zwar zwei wichtige Aspekte der Geschichte genannt, sie decken aber nicht das gesamte Geschehen ab.
Zu 2: Ungenaue Textartangabe, Angaben zu Titel und Entstehungszeit fehlen; es wird nicht das Thema, sondern der erste Handlungsschritt genannt.
Zu 3: Angaben zu Textart, Autor und Entstehungszeit fehlen; die Themaformulierung bleibt auf der Oberfläche des Geschehens und ist für jemanden, der die Geschichte nicht kennt, wenig aussagekräftig.
b) In der Kalendergeschichte „Der Barbierjunge von Segringen" von Johann Peter Hebel (erschienen 1811) macht ein pfiffiger und mutiger Lehrling einem fremden Soldaten durch sein Verhalten deutlich, dass man selbst Gewalt fürchten muss, wenn man anderen mit Gewalt droht.

Seite 84

6 b) geholt hatte: geholt hat; wollte: will; schickte: schickt; ließ: lässt; konnte: kann; hat … überwunden: überwindet; hat … eingelassen: lässt sich … ein; wusste: weiß; war: ist; überlegt hatte: überlegt hat

7 Der Fremde fragt den Wirt nach einem Barbier. Er bietet diesem vier Kronentaler, wenn er ihn ohne Verletzung rasiere. Er droht, ihn andernfalls umzubringen.

Seite 85

7 Nach der Rasur bezahlt der Fremde den Jungen und fragt ihn, woher er – anders als seine Vorgesetzten – trotz der ernst gemeinten Drohung den Mut genommen habe. Der Lehrjunge erklärt dem Fremden, dass er ihm seinerseits sofort die Gurgel durchgeschnitten hätte, wenn ihm das Messer ausgerutscht wäre. Anschließend droht der Fremde nie wieder einem Barbier, ihn zu erstechen.

8 Unsachliche Formulierungen/grün = unterstrichen
wörtliche Wiedergaben/blau = gestrichelt

Weil der Barbier und sein Geselle ganz schön feige sind und einen kleinen Zusatzverdienst offensichtlich nicht so dringend nötig haben, lehnen sie das Geschäft ab – Pech für sie, Glück für den Lehrling!
Der Herr hält ruhig still und der Lehrjunge spaziert ihm mit dem Rasiermesser durch das ganze Gesicht.
Der Lehrjunge bedankt sich für das schöne Stück Geld und erklärt dem Fremden nun, was er getan hätte, wenn ihm das Messer ausgerutscht wäre.
Da bekommt der Fremde am Ende einen Todesschreck, was ihm nur recht geschieht, weil er selbst auch Angst und Schrecken verbreitet hat.
Er schenkt dem Burschen noch einen Kronentaler extra und hat seitdem zu keinem Barbier mehr gesagt, dass er ihn totsteche, wenn dieser ihn schneide.

9 Die Inhaltsangabe setzt sich zusammen aus:
- Einleitungssatz: vergleiche Aufg. 5b, S. 83
- Hauptteil: Die Geschichte spielt in einem kleinen Ort in Deutschland zu Beginn des 19. Jahrhunderts. In der Geschichte kommt ein Fremder von der Armee in ein Wirtshaus und will sich den Bart abrasieren lassen. Er sagt dem Barbier, er werde ihn bei gelungener Rasur gut bezahlen, aber wie schon einige andere Barbiere erstechen, wenn er ihn schneide. Der Barbier schickt aus Angst seinen Gesellen, der wiederum den Lehrjungen. Der Lehrjunge rasiert den Fremden, ohne ihn zu verletzen. Als der Fremde den Lehrjungen für die Rasur bezahlt und sich über seinen Mut wundert, bedankt sich der Junge und erwidert, er wäre dem Fremden zuvorgekommen und hätte ihm die Kehle durchgeschnitten, wenn er ihn verletzt hätte. Der Fremde ist entsetzt, schenkt dem Lehrjungen jedoch noch mehr Geld und droht fortan keinem Barbier mehr an, ihn zu erstechen. In der Geschichte erfährt man, dass sich derjenige Mensch etwas zutrauen kann, der seinen Verstand benutzt und pfiffig ist.

Seite 86

2 2 + D; 3 + H; 4 + B; 5 + F; 6 + E; 7 + A; 8 + J; 9 + C

Seite 87

3 Lí-as-fór-ma-tion; Plé-si-o-sáu-rus; Pté-ro-dák-ty-lus; Í-gu-a-nó-don; Ích-thy-o-sáu-ra; pé-tre-fák-tisch; fos-síl; Ko-pro-líth

6 a) „mit Tränen im Auge" (Z. 3); „jammert" (Z. 5); „klagte" (Z. 21); „Seufzer" (Z. 23)

Seite 89

1 C

2 Auf den Krämer.
Begründung: Er will sich fremdes Gut (den Rubel des Soldaten) aneignen. Damit riskiert er, sein gesamtes Vermögen zu verlieren (Strafe durch die Polizei).

3 Soldat: redegewandt, geldgierig, hinterlistig
Krämer: geldgierig, einfältig, hinterlistig

4 A

Seite 90

5 C

6 a) Wegen des lauten Streits kommen immer mehr Leute angelaufen und drängen sich vor dem Marktstand ähnlich wie Bienen, die sich in dicken Klumpen an ihren Bienenstock hängen können. Dabei hält sich eine Biene an der anderen fest (dichtes Gedränge).
b) **B**, einen Vergleich

7 **C**, Begründung: Die Geschichte hat zwei Höhepunkte. Zunächst wird es spannend, als der Krämer den Soldaten betrügen will und es zum Streit kommt. Noch spannender wird es aber, als der Soldat wiederum den Krämer betrügt und durch den Polizisten recht bekommt.

8 **B**, Begründung: Der Krämer hätte nicht auf die Idee kommen sollen, den Soldaten zu betrügen („Wer anderen eine Grube gräbt …"), denn jetzt ist er selbst der Betrogene („… fällt selbst hinein").

9 **D**, Begründung: Der Text ist spannend erzählt (Unterhaltung) und schließt mit einer Lehre ab (Belehrung).

Seite 91

10 *A falsch; B richtig; C falsch; D falsch; E richtig; F richtig*

11 *Der Satz bedeutet, dass man sich auch strafbar macht, wenn man nur versucht, jemanden zu betrügen.*

12 *C*

Seite 92

13 *A „Der Verfasser gebe sich als Mitglied einer gestürzten afrikanischen Königsfamilie aus.*
B Er bitte ihn, ihm sein Bankkonto zur Verfügung zu stellen.
C Auf diesem solle eine riesige Geldsumme platziert werden, die in Sicherheit gebracht werden müsse.
D Als Entschädigung biete er ihm 25 % des gesamten Anlagebetrags an.
E Er solle nur seine Bankdaten weitergeben.
F Es handle sich aber laut Verbraucherschutz um eine Masche von Betrügern, die mit der Geldgier ihrer Opfer rechneten."

Seite 93

14 *a) Sätze 1, 2 und 4*
b) Subjekte: Der Verbraucherschutz, Die Betrüger, Die Polizei
c) 1: Es wird dringend davon abgeraten, merkwürdige Schreiben von angeblich gestürzten Machthabern aus Afrika zu beantworten. Oder: Vom Verbraucherschutz wird dringend davon abgeraten, merkwürdige Schreiben von angeblich gestürzten Machthabern aus Afrika zu beantworten.
4: Es wird empfohlen, die dubiosen Briefe zu vernichten oder E-Mails zu löschen. Oder: Von der Polizei wird empfohlen, die dubiosen Briefe zu vernichten oder die E-Mails zu löschen.
d) C

15 *B*

16

Kausalsatz	*5*
Finalsatz	*3*
Konzessivsatz	*4*
Temporalsatz	*1*
Inhaltssatz	*2, 6*

Seite 94

17 *Ein Trickbetrüger hat am vergangenen Donnerstag in Schweinfurt einen achtundsechzigjährigen Mann um tausend Euro gebracht.*
Der Unbekannte hatte den Mann auf dem Parkplatz eines Supermarktes angesprochen und ihm Geschenke angeboten. Der Mann ließ sich unter anderem Besteckkästen und Uhren zeigen und nahm einige davon an. Plötzlich verlangte der Unbekannte für die zunächst kostenlos angebotenen Waren 2800 Euro. Er beteuerte, das Geld bei der Ausreise aus Deutschland als Steuernachweis zu benötigen. Die Männer einigten sich schließlich auf einen Preis von 1000 Euro. Erst zu Hause stellte der Achtundsechzigjährige fest, dass es sich um minderwertige Ware handelte und er betrogen worden war.

Seite 95

18 *Bearbeite deine Geschichte zunächst nach den folgenden Punkten, damit du sie dann leichter bewerten kannst. Vielleicht kann dir auch eine Mitschülerin oder ein Mitschüler bei der Beurteilung der Geschichte helfen.*

Notiere dir zu jedem Bereich, den du als gelungen bewertest, die angegebene Punktzahl:

- ☐ *Knüpft dein Hauptteil gedanklich an den Anfang an und führt er schlüssig zum Ende hin?*
  - *Du solltest zunächst die Reaktion der Leute auf den Gast mit den Schmerzen beschrieben haben (1 P.)*
  - *und erklären, woran er leidet („Hand an den Backen", Z. 21/22 = Zahnschmerzen). (1 P.)*
  - *Da „die zwei Schelme wieder einer nach dem anderen" gingen (Z. 24–25), muss der zweite auch in das Gasthaus gekommen sein. Was hat er dort gemacht, wie hat er auf die Situation reagiert und wie haben die beiden sich zueinander verhalten? (2 P.)*
  - *Mit welchem betrügerischen Trick („Betrug", Z. 8, 15, „Betrogener", Z. 32, „betrogen werden", Z. 38) haben sie es geschafft, an das Geld der Leute zu gelangen; wofür bekamen sie 24 Kreuzer (Z. 28, 36)? (2 P.)*
  - *Spielen die falschen Pillen (Z. 8–12) im Hauptteil eine entscheidende Rolle? (1 P.)*
  - *Hast du den Titel der Geschichte („Der Zahnarzt") berücksichtigt? Wer ist der Arzt bzw. wer gibt sich als Arzt aus? (1 P.)*
  - *Wird in deinem Text deutlich, auf wen sich die Lehre am Ende bezieht (Z. 37–43)? (1 P.)*
- ☐ *Enthält dein Hauptteil eine ideenreiche Wendung und ist er spannend gestaltet? Markiere, wo es unerwartete Wendungen gibt. Es sollte mindestens eine sein. (2 P.)*
- ☐ *Unterstreiche mit Rot, wo du die Figuren genau beschreibst (Verhalten, aber auch innere Vorgänge wie Gefühle und Gedanken). Hast du beschrieben,*
  - *wie der „Kranke" sich verhält, was er empfindet und denkt (z. B. Schmerz, Aufregung, Erleichterung)? (1 P.)*
  - *wie der „Arzt"/der andere sich verhält, was er empfindet und denkt (z. B. Selbstbewusstsein, Wichtigtuerei, Schadenfreude)? (1 P.)*
  - *wie die Leute sich verhalten, was sie denken und empfinden (z. B. Mitleid, Trost, Erstaunen, Neugierde, Gier, Dummheit, Zufriedenheit)? (1 P.)*
- ☐ *Hast du wichtige Dinge und bedeutsame Einzelheiten anschaulich (d. h. mit vielen Adjektiven) beschrieben? Umkreise die Adjektive in deinem Text; es sollten mindestens fünf sein. (2 P.)*
- ☐ *Unterstreiche mit Blau die wörtliche Rede in deiner Geschichte. Untersuche die wörtliche Rede: Wie oft kommt jeder der Gesprächspartner zu Wort (die Leute können hier als ein Gesprächspartner zählen)? Jeder der Betrüger sollte mindestens zweimal etwas sagen, denn sonst ist es kein Gespräch. (2 P.)*
- ☐ *Sind die redebegleitenden Verben abwechslungsreich (nicht nur „sagen")? (2 P.)*
- ☐ *Hast du das Präteritum durchgängig beibehalten? (1 P.)*
- ☐ *Ist die Rechtschreibung korrekt? (4 P.)*
  Hier kannst du – je nach Anzahl der Fehler – bis zu vier Punkte anrechnen:
  0 Fehler = 4 P., bis zu 3 Fehler = 3 P.,
  bis zu 6 Fehler = 2 P., 7 Fehler und mehr = 0 P.

Punkteverteilung

Nr.	Aufgabenstellung	Punkte	erreichte Punkte
A 1	Wer betrügt?	1 Punkt für das richtig gesetzte Kreuz	
A 2	Lehre	3 (einer für die richtige Antwort, zwei für die Begründung)	
A 3	Eigenschaften	3 (je ½ Punkt für das richtig gesetzte Kreuz)	
A 4	Strafe	3 Punkte für das richtig gesetzte Kreuz	
A 5	Satzbedeutung	2 Punkte für das richtig gesetzte Kreuz	
A 6a	bildhafter Ausdruck	3 Punkte für die richtige Antwort	
A 6b	Fachbegriff	1 Punkt für das richtig gesetzte Kreuz	
A 7	Grafik: Spannungsverlauf	3 (einer für die richtige Antwort, zwei für die Begründung)	
A 8	Sprichwort	2 (einer für die richtige Antwort, einer für die Begründung)	
A 9	Textsorte	3 (einer für die richtige Antwort, zwei für die Begründung)	
A 10	Richtig – Falsch	6 (je 1 Punkt für das richtig gesetzte Kreuz)	
A 11	Satzbedeutung	2 Punkte für die richtige Antwort	
A 12	schwerer Fall von Betrug	3 Punkte für das richtig gesetzte Kreuz	
	Textverstehen: gesamt	35	
B 13	indirekte Rede	6 (je 1 Punkt für einen richtig umformulierten Satz)	
B 14	a) Aktivsätze	1,5 (je ½ Punkt für den richtig unterstrichenen Satz)	
	b) Subjekte	1,5 (je ½ Punkt für das richtig umkreiste Subjekt)	
	c) Passivsätze	2 (je 1 Punkt für den richtigen Satz)	
	d) Wirkung	1 Punkt für das richtig gesetzte Kreuz	
B 15	Passivform	2 Punkte für das richtig gesetzte Kreuz	
B 16	Gliedsätze	6 (je richtig eingesetzter Ziffer: 1 Punkt)	
C 17	Rechtschreibung	10 (je entdecktem Fehler: ½ Punkt)	
	Nachdenken über Sprache: gesamt	30	
D 18	Schreiben	25 (Verteilung: siehe Hinweise im Lösungsteil)	
	Schreiben: gesamt	25	
	Summe	90	

Bewertungsschlüssel

Textverstehen	35–27 Punkte	26–18 Punkte	17–0 Punkte
Nachdenken über Sprache	30–21 Punkte	20–14 Punkte	13–0 Punkte
Schreiben	25–18 Punkte	17–12 Punkte	11–0 Punkte
	Du löst die Aufgaben hervorragend.	**Einiges gelingt dir recht gut, manches musst du aber noch einmal üben.**	**Du musst vieles wiederholen und noch einmal gründlich üben.**
	Vielleicht siehst du dir aber trotzdem noch einmal die Stellen an, an denen du dich noch verbessern kannst.	Versuche anhand des Tests Fehlerschwerpunkte zu entdecken, damit du gezielt wiederholen kannst.	Vielleicht überlegst du auch gemeinsam mit deinen Eltern oder deinem Lehrer/deiner Lehrerin, wo besondere Fehlerschwerpunkte liegen und wie du vorgehen kannst, um dich zu verbessern.

P 9612261/06

Tanzende Hände

„Mudras“ sind Handbewegungen, die im Bharatanatyam (Tempeltanz) als Zeichensprache dienen. Sie können mit einer Hand oder auch mit beiden Händen gebildet werden. Jede indische Gottheit hat ein bestimmtes Mudra, es gibt Mudras für verwandtschaftliche Verhältnisse, für die Planeten, die Gefühle und vieles andere mehr. Die Zuschauer „lesen“ diese Zeichensprache während des Tanzes.

10 *a) Schau dir die folgende Fingerstellung für eine Hand genau an. Beschreibe rechts daneben die Handstellung so, dass sie jemand nachvollziehen kann, der die Abbildung nicht sieht.*
b) Probiere dieses Mudra selbst aus.

Ebenso vielseitig und kompliziert wie die Fingerstellungen sind auch die Körperhaltungen und Tanzschritte des Bharatanatyam. Der gesamte Köper ist daran beteiligt, auch Augen, Hals, Kopf und natürlich die Füße.

11 *a) Versetze dich in die Figur. Beschreibe aus ihrer Sicht die fünf Tanzstellungen.*
Die Tabelle unter den Abbildungen hilft dir, die Haltungen und Schritte genau zu beschreiben. Fülle sie in Stichworten aus.
TIPP: *Wenn sich eine Haltung nicht ändert, schreibe in die Spalte: bleibt.*

Körperhaltung					
Beinstellung					
Mudra					
linker Arm					
rechter Arm					
Kopfhaltung					
Fußstellung					

b) Beschreibe diese Bewegungsfolge so genau, dass jemand sie nachmachen kann, ohne die Abbildungen zu kennen. Arbeite in deinem Heft. Benutze, wo erforderlich, Fachbegriffe und erkläre diese.
Wähle für deine Beschreibung geeignete Satzanfänge oder -anschlüsse aus:

als Nächstes | danach | nun | erst | anschließend | dann | zuerst | im Anschluss daran | zuletzt | zunächst | jetzt | schließlich | nachdem

Argumentieren

!

Um andere von der eigenen Meinung zu überzeugen, sollte man stichhaltig argumentieren. Beim Argumentieren stellt man eine **These** (Behauptung) auf, die man durch **Argumente** (Begründungen) stützt und durch **Beispiele** veranschaulicht.

Deine Argumentation wirkt überzeugend,
- wenn die Argumente sich genau **auf die These beziehen,**
- wenn die Argumente möglichst **sachlich** sind.

Die Argumente sollten so gewichtet sein, dass das überzeugendste am Schluss steht. Wenn du nur **ganz knapp** etwas **begründen** sollst, musst du das **überzeugendste Argument** nennen.

1 *In der Klasse 7c wird die bevorstehende Klassenfahrt geplant. Zunächst ist die Frage, welches Ziel die Fahrt haben soll.*
a) Kreuze zu jeder These jeweils das Argument an, das sie am überzeugendsten stützt.
b) Begründe anschließend jeweils in Stichworten, warum die anderen Argumente weniger überzeugend sind, z. B.:

nicht sachlich | nicht verallgemeinerbar | nicht passend
zu persönlich | zu wenig konkret | nicht bedeutsam

These 1 Für eine Klasse 7 ist es am sinnvollsten, eine große Stadt zu besuchen, wie z. B. Hamburg.

Argumente
- ☐ **A** Ich fände es super, mal nach Hamburg zu fahren, denn meine Schwester studiert dort.
- ☐ **B** Wandern im Grünen ist doch immer das Gleiche.
- ☐ **C** In einer Stadt wie Hamburg kann man Unterschiedlichstes unternehmen, da ist dann für jeden etwas Passendes dabei.

Begründe: ______________________________

These 2 Ich plädiere für eine Jugendherberge in der Eifel, von wo aus wir Kanu fahren können.

Argumente
- ☐ **A** In einer Stadt gehen doch immer dieselben Cliquen auf einem Stadtbummel shoppen.
- ☐ **B** Bei einer Kanufahrt erlebt die Klasse gemeinsam ein Abenteuer und man lernt, in schwierigen Situationen zusammenzuhalten.
- ☐ **C** Ich finde Kanufahren super.

Begründe: ______________________________

These 3 Wir sollten Einzelausflüge von zu Hause aus machen.

Argumente
- ☐ **A** Bei längeren Busfahrten wird mir sowieso oft übel.
- ☐ **B** „Warum in die Ferne schweifen, sieh das Gute liegt so nah", sagt meine Mutter immer.
- ☐ **C** Wir könnten wirklich tolle Unternehmungen machen, da wir kein Geld für die Übernachtungen ausgeben müssen.
- ☐ **D** Das ist die Lösung gegen Heimweh.

Begründe: ______________________________

TIPP

Konjunktionen schaffen **Begründungszusammenhänge.** Achte darauf, dass die gewählten Konjunktionen deine Thesen, Argumente und Beispiele in einen angemessenen Zusammenhang bringen, z. B.: „weil", „da", „denn" (Ursache, Grund), „sodass" (Folge), „damit", „indem" (Absicht, Zweck), „obwohl", „trotzdem" (Gegensatz), „aber", „sondern" (Einschränkung) ...
Konjunktionen können einen Hauptsatz mit einem Hauptsatz (nebenordnen) oder mit einem Nebensatz (unterordnen) verknüpfen; ▷ S. 30.

2 *Wähle zu jedem Teilsatz rechts eine Konjunktion, die ihn logisch passend an den Teilsatz links anschließt. Trage sie ein.*

Schülerinnen und Schüler der Klasse 7 sollten nicht auf Klassenfahrt fahren,

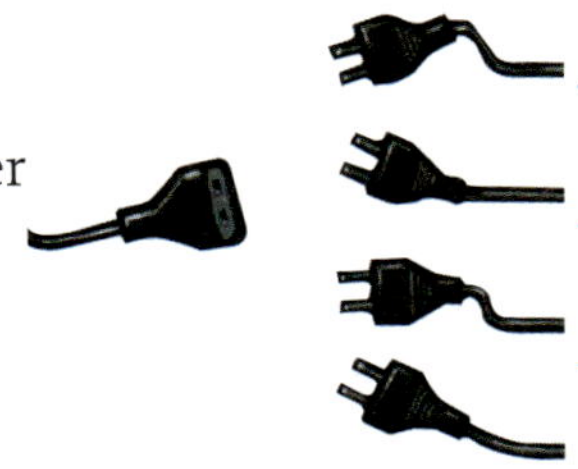

__________ ihnen mehr Zeit bleibt, ausreichend zu lernen.

__________ ihre Eltern sie zu sehr vermissen würden.

__________ lieber kurze Tagesausflüge unternehmen.

__________ sie beachten Regeln und Absprachen meist nicht.

3 *Die Klasse diskutiert lebhaft über das Thema „Klassenfahrt".*
a) Trage ein, ob es sich bei den Äußerungen um eine These Th, ein Argument A oder ein Beispiel Bsp handelt.
b) Ordne den Thesen passende Argumente und Beispiele zu, indem du deren Nummer in die rechte Spalte einträgst.
c) Schreibe jede These mit Argument und Beispiel (wenn vorhanden) in dein Heft. Achte auf die Verknüpfung.

	Th/A/Bsp	passt zu These Nr.
(1) Es ist wichtig, dass sich auch die Schüler/-innen etwas besser kennen lernen, die bisher kaum etwas zusammen gemacht haben.		
(2) Solche Lebensmittel sind einfach gesünder.		
(3) Dafür zahlen meine Eltern gern etwas mehr.		
(4) So muss man nicht immer sein Geld dabeihaben, das ist doch viel unkomplizierter.		
(5) Die Gruppen für die Zimmereinteilung sollten gewürfelt werden.		
(6) Wir sollten umweltverträglich produzierte Nahrungsmittel kaufen.		
(7) Tagsüber sind wir mit allen zusammen, aber abends auf dem Zimmer sammeln sich die Cliquen. Manche Kinder bleiben dann allein, dagegen sollte man etwas tun.		
(8) Bei unserem letzten Grillfest hat das doch gut geklappt, da gab es einfach Sprudel und Limo für alle.		
(9) Wir sollten auf der Fahrt die Getränke für alle kaufen und dann die Kosten umlegen.		
(10) Das ist ein guter Beitrag zum Umweltschutz, denn Düngung z. B. ist schädlich für unser Trinkwasser und die Umwelt. Auf beides sind wir doch alle angewiesen		
(11) Bei der letzten Weihnachtsfeier waren am Ende sieben Saftpackungen angebrochen, die alle weggeworfen werden mussten.		
(12) Wenn man die Getränke nicht bezahlen muss, geht man damit auch nicht ordentlich um.		

☆ **4** *Die Klasse will die für drei Tage vorgesehene Fahrt auf vier Tage erweitern.*
a) Sammle vier Argumente, mit denen du diesen Wunsch begründen kannst. Schreibe diese in dein Heft.
b) Ordne die Argumente anschließend vom schwächsten zum stärksten, indem du sie von 1 bis 4 nummerierst.

Wortarten

Ein wichtiges Merkmal zur Unterscheidung von **Wortarten** ist die Beugung (Deklination und Konjugation):
Konjugieren kannst du nur Verben (Tempusformen, Aktiv-/Passivformen und Modi).
Deklinieren kannst du Nomen, Artikel, fast alle Pronomen und Adjektive.
Nicht beugen lassen sich Adverbien, Präpositionen und Konjunktionen.

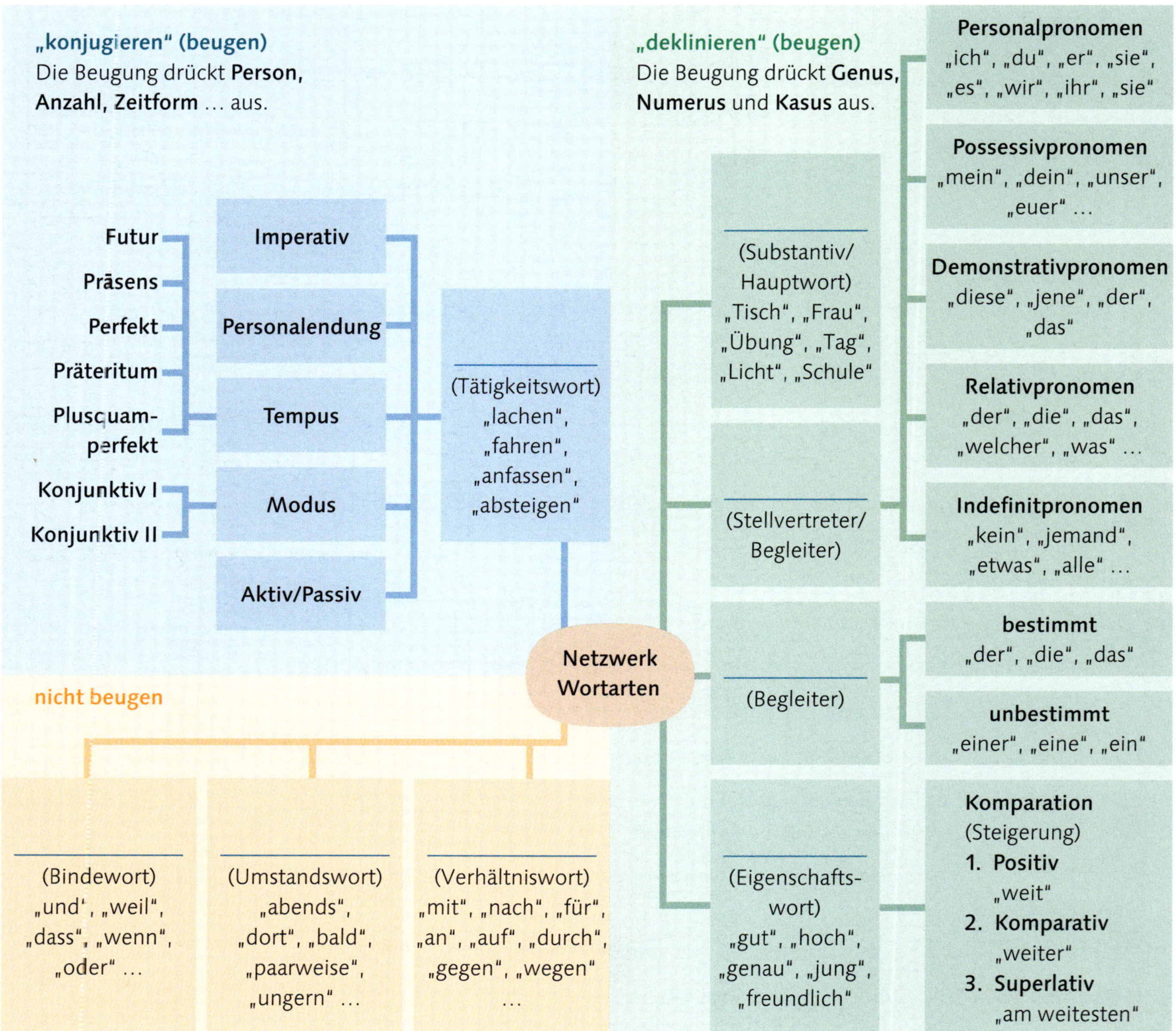

1 *Trage die Fachbegriffe für die Wortarten an den richtigen Stellen ein.*

Adjektiv | Verb | Präposition | Nomen | Adverb | Artikel | Pronomen | Konjunktion

TIPP

Prüfe für die Zuordnung, ob du das Wort beugen kannst.

Das Verb: Modus

Bei der Konjugation (Beugung) des Verbs unterscheidet man nicht nur verschiedene Tempora (Zeiten), sondern auch verschiedene **Modi** (Singular: der **Modus** = Aussageweise):

- **Indikativ** (die Wirklichkeitsform): „Es *ist*, wie es *ist*."
- **Konjunktiv** (die Möglichkeitsform): „*Möge* da kommen, was da *wolle!*"

Es gibt zwei Formen des Konjunktivs: Konjunktiv I und Konjunktiv II.
Der **Konjunktiv I** drückt aus:

- eine **Aufforderung** oder einen **Wunsch:** „Jeder *sei* seines Glückes Schmied!"
- die **indirekte Rede:** „Jonas berichtet, er *habe* im Lotto *gewonnen*." (▷ S. 20)

Die Formen des **Konjunktivs I** werden gebildet, indem an den Stamm des Verbs (Infinitiv ohne „-en") die Personalendungen des Konjunktivs angehängt werden. Sie enthalten in einigen Formen ein eingefügtes **-e-**, z. B. für den Infinitiv *spring-en:*

*ich spring-**e***	*wir spring-en*
*du spring-**est***	*ihr spring-**et***
*er/sie/es spring-**e***	*sie spring-en*

1 *Unterstreiche die Verben im Indikativ gelb, die Verben im Konjunktiv blau.*

„Wünsch dir was!" oder „Ist es denn die Möglichkeit!"

„Man sei auf Reisen immer vorsichtig!", warnte der Großvater. „Wer in die weite Welt reist, der kommt mit neuen Erfahrungen im Gepäck zurück. Es wäre zu hoffen, mein lieber Enkel, dass es bei dir nur gute sein werden." Der Enkel schaute verwundert. „Mögest du an meine Worte denken!", gab ihm der Großvater schließlich mit auf den Weg. Der Enkel erzählte dies seinem Freund: „Opa Ernst ermahnte mich, ich solle an seine Worte denken." Der erwiderte: „Seine Hoffnung auf gute Erfahrungen möge in Erfüllung gehen!"

Der **Konjunktiv II** wird vom **Indikativ Präteritum** abgeleitet (oft mit Umlaut, d. h. Wechsel von a, o, u zu ä, ö, ü):

ich schlief	*ich schlief-**e***	*wir fuhren*	*wir führ-en*
du gingst	*du ging-**est***	*ihr wurdet*	*ihr würd-et*

Statt des Konjunktivs II kannst du auch eine Umschreibung mit **„würde"** wählen, z. B.:

- Konjunktiv II: „Sie beteuert, sie flöge gern in den Urlaub."
- Umschreibung mit „würde": „Sie beteuert, sie würde gern in den Urlaub fliegen."

2 *Schreibe den Infinitiv und die Präteritumform dazu.*

Wenn das Wörtchen „wenn" nicht wär ... Infinitiv: sein – Präteritum: war

- wär mein Vater Millionär. Infinitiv: ______ – Präteritum: ______
- flöge ich sofort zu dir. Infinitiv: ______
- schwämmen wir gemeinsam übers Meer. ______
- trügen sie dich hin zu mir. ______

!

- Den **Konjunktiv** benutzt man vor allem bei der **indirekten Rede** (▷ S. 8). Mit der indirekten Rede macht man deutlich, dass die Äußerung eines anderen Sprechers oder einer anderen Sprecherin wiedergegeben wird.
  - Direkte Rede – Journalist: „Warum haben Sie, Herr Reimer, Handyklingeltöne komponiert?“
  - Indirekte Rede – Der Journalist fragt, warum Herr Reimer Handyklingeltöne komponiert *habe*.
- Wenn der Konjunktiv I nicht vom Indikativ zu unterscheiden ist, verwendet man den **Konjunktiv II:**
  - Direkte Rede – Komponist: „Die besten Ideen *kommen* mir auf dem Sofa.“
  - Indirekte Rede – Der Komponist meint, die besten Ideen (kommen) *kämen* ihm auf dem Sofa.

3 *a) Markiere im folgenden Zeitungsartikel alle Konjunktivformen.*
b) Unterstreiche die vier einleitenden Hauptsätze (▷ S. 8), die auf eine indirekte Rede aufmerksam machen.
BEACHTE: *Diese können auch nachgestellt werden.*

Ein Vögelchen für starke Nerven

Der Berliner Musiker Andy Reimer, 38, ist Klingeltonkomponist. Er hat einige der bekanntesten Melodien geschrieben, die sich vor allem Jugendliche gegen Gebühr auf ihr Handy laden. Von Reimer stammt auch die Musik zu „Sweety“. Das Küken tanzte zeitweise bis zu 150 Mal täglich durch die Werbepausen von Musiksendern und trällerte, dass es zwar klein und süß sei, aber auch wisse, wie man seine Füße bewege. Das fluffige Vögelchen ist zum Hassobjekt vieler Zuschauer geworden. Reimer hört davon nichts. Das sei müßig, heißt es bei der Berliner Firma. Positive Anrufe überwögen ohnehin. Der Nervfaktor sei Teil des Erfolgs. Je mehr sich Erwachsene aufregten, dass die Handys ihrer Kinder statt dezenter Töne das Geräusch furzender Frösche oder quäkender Küken aussenden, desto beliebter seien sie bei Jugendlichen. Ein Sprecher sagt, dass es „Handy-Junkies“ gebe, die sich täglich einen neuen Klingelton zögen. Dass er derlei Lockrufe fabriziert, habe ihm anfangs ein schlechtes Gewissen gemacht, sagt Reimer. Aber am Ende seien Klingeltöne doch nichts anderes als Fußballsammelbilder.

Claudia Fromme

Süddeutsche Zeitung, März 2005

4 *Forme die nachfolgenden Äußerungen in die indirekte Rede um. Achte auf abwechslungsreiche einleitende Sätze, verwende nicht nur das Verb „sagen“. Schreibe in dein Heft.*

„Handyklingeltöne nerven. Sie gehören abgeschafft.“

„Ich liebe es, immer wieder neue Klingeltöne herunterzuladen.“

„Wie mein Handy klingelt, ist mir vollkommen egal, Hauptsache, es funktioniert.“

Herr Ohrenschutz *Frau Nervenschon* *Jule* *Nathalie* *Simon* *Max*

„Es sollte nur noch Vibrationsalarm geben.“

„Wenn ich traurig bin, dann stelle ich mein Handy mit einer traurigen Melodie ein, und wenn ich fröhlich bin, mit einer lustigen.“

„Je lauter und ausgefallener ein Klingelton ist, desto cooler ist er auch.“

Das Verb: Aktiv – Passiv

!

Bei der Darstellung von Handlungen und Vorgängen unterscheidet man die Verbformen Aktiv und Passiv.

- Der **Aktivsatz** wird verwendet, um auszudrücken, dass jemand „aktiv" ist und handelt. **Der Blick** wird auf den **Handelnden** (den Handlungsträger) gerichtet:
  „*Die Spanier* entdeckten die Kartoffel als Kulturpflanze in Chile."
  Handlungsträger im grammatischen Sinn können auch Gegenstände oder andere Erscheinungen sein:
  „*Die Kartoffel* gelangte auf zwei verschiedenen Wegen nach Europa."
- Mit dem **Passivsatz** dagegen drückt man aus, dass etwas mit einem Wesen oder einer Sache geschieht, das oder die dabei „passiv" bleibt. **Der Blick** ist auf den **Vorgang** gerichtet:
  „Die Kartoffel *wurde* in Preußen in der Mitte des 18. Jahrhunderts *eingeführt.*"
  In Passivsätzen kann auch der Handlungsträger genannt werden, und zwar in Form einer Präpositionalgruppe, z. B.: „Die Kartoffel wurde in Preußen *von Friedrich dem Großen* eingeführt."

1 *a) Unterstreiche in den folgenden Sätzen alle Verben, die im Aktiv stehen, blau, und alle Passivformen grün.*
b) Schreibe an den Rand, wer der Handlungsträger H ist oder welcher Vorgang V im Vordergrund steht.

Für ein Kilogramm Chips werden etwa vier Kilogramm Kartoffeln verarbeitet. *V Verarbeiten von Kartoffeln*

Wie entstehen Kartoffelchips?

Kartoffelchips werden aus Kartoffeln hergestellt. ____________

In entsprechenden Werken werden die Kartoffeln gewaschen, geschält ____________

und erneut gewaschen. ____________

Dann wandern sie in eine große Maschine, ____________

werden dort in ganz dünne Scheiben geschnitten und anschließend ____________

in einer riesigen Fritteuse ausgebraten. ____________

Weil die Kartoffelscheiben beim Frittieren Wasser verlieren, ____________

ziehen sie sich zusammen und wellen sich. ____________

So entsteht die „krumme" Form der Chips. ____________

Die frittierten Chips werden sorgfältig kontrolliert, ____________

dabei werden mangelhafte Chips (z. B. mit schwarzen Flecken) aussortiert. ____________

Beim Durchlaufen großer Gewürztrommeln kommt die Gewürzmischung dazu. ____________

Anschließend werden die Chips noch einmal kontrolliert und dann verpackt. ____________

In Tüten kommen sie ins Geschäft. ____________

Das Passiv bilden
Das Passiv wird mit einer Personalform von „werden“ und dem Partizip Perfekt des Verbs gebildet, z. B.: „sammeln – werden gesammelt“, „lesen – wird gelesen“.
Beachte: Verben mit Präfix behalten dieses im Partizip Perfekt, z. B.: „*ver*nichten – wird *ver*nichtet“, „*be*treiben – werden *be*trieben“.

Aktiv in Passiv umwandeln: Das Akkusativobjekt (Frage: Wen oder was?) des Aktivsatzes wird zum Subjekt (Frage: Wer oder was?) des Passivsatzes.

„Daniel pflückt **Erdbeeren.**“ Wen oder was pflückt Daniel? „...Erdbeeren.“

„**Erdbeeren** werden von Daniel gepflückt.“ Wer oder was wird von Daniel gepflückt? „...Erdbeeren.“

2 *Die folgenden Sätze stehen im Aktiv. Wandle sie ins Passiv um. Lege dir zur Überprüfung ein Satzmuster nach dem Beispiel im Merkkasten an.*
HINWEIS: *Einer der folgenden Sätze lässt sich nicht umwandeln.*
Trage seine Nummer hier ein: ____________

Was für ein Schock!

1. Daniel friert die frisch gepflückten Erdbeeren ein.

____

2. Nach ein paar Monaten holt Daniel die Früchte aus dem Tiefkühlfach.

____

3. Nach dem Auftauen sehen sie ganz zermatscht aus. Was ist passiert?

____

4. Während des Gefrierprozesses bildet das im Zellkern vorhandene Wasser Eiskristalle.

____

5. Die Eiskristalle durchstoßen das Pflanzengewebe und durchlöchern das Zellgerüst.

____

6. Aus den matschigen Früchten kocht Daniel Erdbeermarmelade.

____

!

Tempus (Zeitform) im Aktiv und Passiv
Jedes Tempus im Aktivsatz hat eine Entsprechung im Passivsatz.

Tempus	Aktivsatz	Passivsatz
Präsens	Max *backt* Kuchen.	Der Kuchen *wird* (von Max) *gebacken.*
Perfekt	Max *hat* Kuchen *gebacken.*	Der Kuchen *ist* (von ihm) *gebacken worden.*
Präteritum	Max *backte* Kuchen.	Der Kuchen *wurde* (von ihm) *gebacken.*
Plusquamperfekt	Max *hatte* Kuchen *gebacken.*	Der Kuchen *war* (von ihm) *gebacken worden.*
Futur I	Max *wird* Kuchen *backen.*	Der Kuchen *wird* (von ihm) *gebacken werden.*

3 *Setze die folgenden Sätze ins Passiv. Achte auf die unterschiedlichen Zeitformen.*

Max hatte seine Freunde zum Kuchenessen eingeladen.

____

Die Freunde brachten kleine Geschenke mit.

____

Max hat den Kuchen professionell serviert.

____

Nächste Woche wird Max verschiedene Desserts anbieten.

____

TIPP

Das Präsens Passiv und das Futur I Aktiv werden häufig verwechselt, weil in beiden Formen das Hilfsverb „werden" vorkommt. Aber es gibt einen Unterschied:

- Das Präsens Passiv wird mit einer Form von **„werden" und dem Partizip Perfekt** gebildet: „Der Kuchen *wird* von Max *gebacken.*"
- Das Futur I wird mit **„werden" und dem Infinitiv** gebildet: „Max *wird* den Kuchen *backen.*"

☆ **4** *a) Schreibe hinter jeden Satz das Verb im Infinitiv.*
b) Setze die Sätze jeweils einmal ins Präsens Passiv und einmal ins Futur I Aktiv.
c) Unterstreiche anschließend die Prädikate.

	Infinitiv
Benni lädt Sabine zum Pizza-Essen ein.	____________

____

____

Sabine bestellt eine Pizza mit Spinat.	____________

____

____

Formen des Passivs verwendet man auch,
- wenn man den Handlungsträger nicht kennt (= **Informationsmangel**):
  - Aktivsatz: „Unbekannte brachen vergangene Nacht in ein Luxusrestaurant ein."
  - Passivsatz: „Vergangene Nacht *wurde* in ein Luxusrestaurant *eingebrochen*."
- wenn man den Handlungsträger bewusst nicht nennen will, z. B. aus Gründen des Personenschutzes (= **Informationsriegel**):
  - Aktivsatz: „Nina Schlaflos *bemerkte* den Einbruch."
  - Passivsatz: „Der Einbruch *wurde bemerkt*."

5 *In der Tageszeitung soll berichtet werden, dass ein „Luxusrestaurant geplündert" wurde. Journalist Schreiberling darf Aussagen verwenden, muss aber sowohl den Mangel an Informationen berücksichtigen als auch den Zeugenschutz. Entscheide, an welchen Stellen es sinnvoll ist, die Passivform zu benutzen.*

Küchenchef Edelsüß behauptet, dass sicherlich Kollege Schmaltopf, der ihm seine exquisiten Gerichte neide, den Einbruch an seinem freien Tag verübt habe.

Der Einbruch wurde am freien Tag des Küchenchefs verübt. (Informationsmangel)

Zeugin Nina Schlaflos beobachtete zwei maskierte Menschen, die durch den Lüftungsschacht einstiegen.

____

Offensichtlich packten die beiden Täter alle Delikatessen ein und transportierten sie ab.

____

Merkwürdigerweise ließen die Plünderer vier Bananen liegen.

____

Will oder kann man den Handlungsträger nicht nennen und will man nicht immer das Passiv selbst verwenden, **umschreibt man,** z. B. durch
- die **man-Form:** „*Man kann* mit vier reifen Bananen eine leckere Nachspeise zaubern."
- die **Imperativ-Form:** „*Nimm* 1 Essl. Cashewnüsse und 1 Essl. ungesalzene Pistazienkerne."
- die **Infinitiv-Form:** „125 g frische Kokosraspeln *besorgen*."
- die **Sie-/Du-Aussage:** „*Du brauchst* außerdem 1 Essl. Rohrzucker, 1 Teel. Kardamom, 2 Tassen Kokosnussmilch und den Saft von 1 Zitrone."

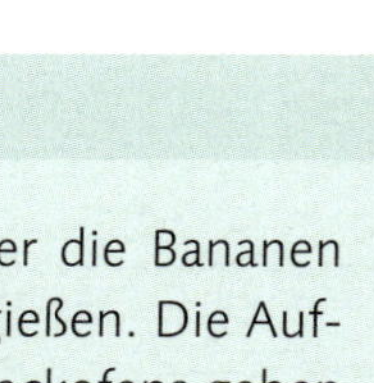

6 *a) Lies das folgende Rezept und entscheide: Welche Passivumschreibung wurde hier benutzt?* _______________

Indische Bananenspeise

Die Bananen schälen und längs halbieren. Die Bananenhälften in eine Auflaufform legen. Den Backofen auf 200 Grad vorheizen. Die Cashewnüsse und die Pistazien sehr fein hacken. Die Kokosnussraspel, den Zucker, den gemahlenen Kardamom, die Cashewnüsse und die Pistazien mischen und gleichmäßig über die Bananen verteilen. Die Kokosnussmilch darübergießen. Die Auflaufform auf die mittlere Schiene des Backofens geben und etwa 30 Minuten lang backen. Die Bananenspeise vor dem Servieren mit Zitronensaft beträufeln.

b) Wähle eine andere Umschreibung aus und schreibe das Rezept in dein Heft. Die Zutatenliste findest du in den Beispielsätzen im Merkkasten. Vielleicht hast du Lust, dieses köstliche Rezept selbst auszuprobieren?

Teste dich! Rund ums Verb – Konjunktiv, Aktiv – Passiv, Tempora

1 *a) Was ist der Konjunktiv und was drückt er aus? Streiche die falschen Erklärungen durch.*

Der Konjunktiv

- ☐ drückt die direkte Rede aus.
- ☐ ist eine Tempusform.
- ☐ ist ein Modus.
- ☐ drückt einen Befehl aus.
- ☐ drückt einen Wunsch aus.
- ☐ drückt die indirekte Rede aus.

b) Kreuze die richtigen Beispiele für die Konjunktivformen an.

☐ „Möge dir das neue Jahr Glück bringen."

☐ „Prost Neujahr!"

☐ Simon glaubte, das neue Jahr werde erfolgreich sein.

2 *Gib die folgenden Aussagen in indirekter Rede wieder:*

Ein Feuerwehrmann: „An Weihnachten und Silvester gibt es die meisten Hausbrände."

____

Lilo (17 J.): „Zu Silvester nehme ich mir immer vor, alles besser zu machen."

____

3 *Bilde Passivformen. Wähle als Tempus das Präsens.*

Das Feuerwerk ________________ um Mitternacht ________________ (zünden).

Die Menge der Chemikalien ________________ exakt ________________ (abstimmen).

Die Farbenvielfalt __________ durch die Verwendung verschiedener Brennstoffe __________ (erzeugen).

4 *Kreuze an, welche Passivform die richtige ist, um den Satz umzuwandeln.*

Den ältesten Sprengstoff – Schwarzpulver – **verwendet** man auch bei modernen Feuerwerkskörpern.

Der älteste Sprengstoff – Schwarzpulver –

☐ ist ... verwendet worden. ☐ wurde ... verwendet. ☐ wird ... verwendet.

Chinesen **entwickelten** das Schwarzpulver vor über 1000 Jahren.

Das Schwarzpulver

☐ war ... entwickelt worden. ☐ wurde ... entwickelt. ☐ ist ... entwickelt worden.

Eine ganze Fabrik ging in Flammen auf, weil man bei der Lagerung der Feuerwerkskörper **nicht sorgsam darauf geachtet hatte,** dass sie nicht mit dem kleinsten Funken in Berührung kommen dürfen.

Eine ganze Fabrik ging in Flammen auf, weil bei der Lagerung der Feuerwerkskörper nicht sorgsam

☐ darauf geachtet worden ist. ☐ darauf geachtet worden war. ☐ darauf geachtet wurde.

Werte deine Ergebnisse aus, indem du deine Antworten mit dem Lösungsheft abgleichst.
Für jede richtige Antwort bekommst du einen Punkt.

13–10 Punkte	9–6 Punkte	5–0 Punkte
Gut gemacht!	*Gar nicht schlecht. Schau dir die Merkkästen der Seiten 19 bis 24 noch einmal an.*	*Arbeite die Seiten 19 bis 24 noch einmal sorgfältig durch.*

Satzglieder und Satzgliederweiterungen

! Ein Satz setzt sich aus verschiedenen Satzgliedern zusammen. Ob ein einzelnes Wort oder eine Wortgruppe ein Satzglied bildet, erkennt man durch die **Umstellprobe:** Satzglieder lassen sich umstellen, ohne dass sich der Sinn des Satzes verändert. Beachte: Attribute sind nur Teile von Satzgliedern.

1 *Füge die Fachbegriffe für die Satzglieder an die richtige Stelle im Netzwerk ein:*

adverbiale Bestimmung *Objekt* *Prädikat* *Subjekt*

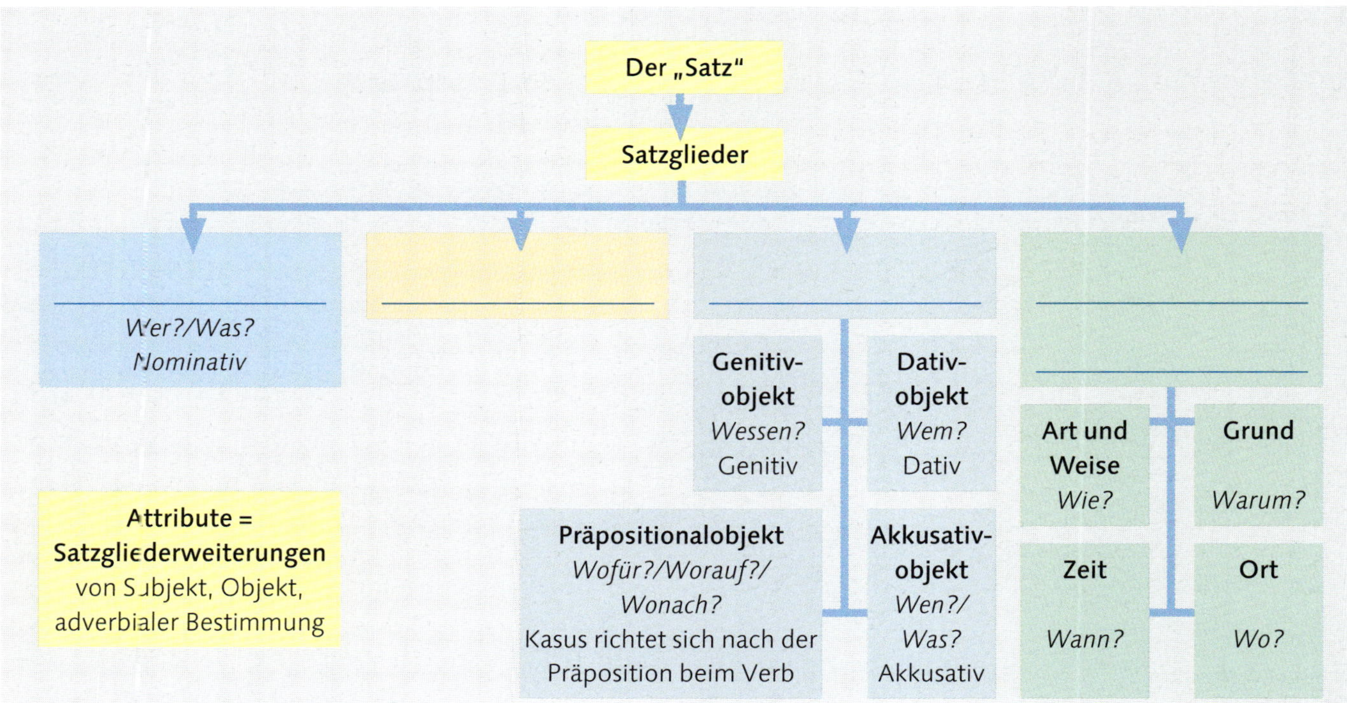

! **Satzgliedproben**

Umstellprobe: Vor den Sommerferien | veranstaltet | das Böll-Gymnasium | ein großes Sportfest.

Ein großes Sportfest | veranstaltet | das Böll-Gymnasium | vor den Sommerferien.

Frageprobe: Wer oder was | veranstaltet | vor den Sommerferien | ein großes Sportfest?

Ersatzprobe: Es | veranstaltet | vor den Sommerferien | ein großes Sportfest.

Weglassprobe: Das Böll-Gymnasium | veranstaltet | ein großes Sportfest | ~~vor den Sommerferien.~~

Erweiterungsprobe: Vor den Sommerferien | veranstaltet | das Böll-Gymnasium | ein großes Sportfest | im Sportstadion.

!

Präpositionalobjekte heißen Satzglieder, die man mit „Wofür?“, „Worauf?“, „Wonach?“ usw. erfragt, z. B.: „Die Schulleitung *dankte* den Schülern *für* ihren Einsatz.“ – *Wofür* dankte sie? „... für ihren Einsatz.“ Präpositionalobjekte stehen nach Verben mit Präpositionen wie z. B.: „achten auf“, „denken an“, „forschen nach“, „sich fürchten vor“, „lachen über“, „warten auf“. Die Präposition gehört fest zum Verb.

2 *a) Prüfe an den folgenden Sätzen mit Hilfe der Umstellprobe, welche Wörter oder Wortgruppen Satzglieder sind. Umrahme die einzelnen Satzglieder.*
__BEACHTE:__ Ein Satz lässt sich nicht umstellen. Begründe in der Schreibzeile darunter, woran das liegt.
b) Schreibe je einen umformulierten Satz auf.

(1) Viele Schüler wollten die üblichen Bundesjugendspiele abschaffen.

(2) Alle wünschten sich einen zusätzlichen Anreiz.

(3) Deshalb wurden Mannschaftsspiele ins Programm aufgenommen.

(4) Trotz einiger Anlaufschwierigkeiten erklärten sich viele Eltern zur Mithilfe bereit.

(5) Die Schülerband spielte.

3 *Wende nun bei einzelnen Sätzen auch die anderen Proben an.*
a) Führe bei Satz (1) die Frageprobe durch.

b) Führe bei Satz (3) die Ersatzprobe durch. Wähle dazu ein Wort aus:

Tanzvorführungen | Akrobatikkunststücke | Jongliereinlagen

c) Führe bei Satz (4) die Weglassprobe durch.

d) Führe bei Satz (5) die Erweiterungsprobe durch. Wähle dazu ein Satzglied aus:

in den Pausen | zur Unterhaltung des Publikums | Jazzmusik

4 *Unterstreiche im folgenden Text die Satzglieder verschiedenfarbig: Subjekt, Prädikat, Dativ- und Akkusativobjekt, Präpositionalobjekt, die adverbialen Bestimmungen.*
Achtung: In manchen Sätzen gibt es eine ***Prädikatsklammer!***

„KEINE MACHT DEN DROGEN" will vorbeugen

Vielen ist der Slogan „KEINE MACHT DEN DROGEN" bekannt. Seit über 15 Jahren setzt der gemeinnützige Verein erfolgreich auf aktive Freizeitgestaltung. Der Verein möchte keine Schäden reparieren. Er will Suchtvorbeugung betreiben. Kinder und Jugendliche sollen frühzeitig über die Gefahren von Drogen informiert und aufgeklärt werden. Die CD-ROM „Drogenprävention interaktiv" haben Schülerinnen und Schüler des Amos-Comenius-Gymnasiums in Bonn/Bad Godesberg mit entwickelt. Im Mittelpunkt des Geschehens stehen Drogenkonsum und Drogenschmuggel. Ein im Jugendmilieu spielender Kriminalfall soll aufgeklärt, Informationen müssen recherchiert und knifflige Fragen beantwortet werden.
Weitere Informationen findest du im Internet. Die Adresse lautet: www.kmdd.de.

5 *a) Umkreise in den folgenden Sätzen die Satzglieder und bestimme sie.*
b) Markiere mit einem gelben Marker die Attribute und gib die Pfeilrichtung zu dem Bezugswort an.

Kmdd – Benefizlauf „Im Laufschritt gegen Gewalt und Drogen"

Die Aktion „Im Laufschritt gegen Gewalt und Drogen" will den ausrichtenden Schulen

Subjekt

finanzielle Mittel zur Verfügung stellen.

Die gelaufenen Kilometer entscheiden über den Erfolg.

Viele engagierte Läuferinnen und Läufer können für eine Schule Gelder in Höhe mehrerer

tausend Euro bekommen.

Satzreihe

> **!** Ein zusammengesetzter Satz (▷ S. 26), der aus **zwei oder mehr Hauptsätzen besteht,** wird **Satzreihe** genannt.
>
> - Die Hauptsätze werden durch ein Komma getrennt, z. B.:
>   „Papyrus ist eine Pflanze, sie wächst vor allem in Ägypten."
>   ——— *HS* ———, ——— *HS* ———
> - Die Hauptsätze werden meist durch **nebenordnende Konjunktionen** (z. B. „und", „denn", „oder", „aber", „doch") miteinander verbunden.
>   Vor der Konjunktion steht ein Komma, nur vor „und" oder „oder" kann es entfallen, z. B.:
>   „Bereits um 3000 v. Chr. schrieb man in Ägypten auf Papyrus, *aber* das Papierschöpfen wurde erst später erfunden."

1 *In den folgenden Text haben sich Fehler eingeschlichen: Es fehlen einige Satzzeichen, entsprechend sind Satzanfänge nicht großgeschrieben. Verbessere den Text.*
a) Finde die Satzgrenzen und markiere sie mit einem senkrechten Strich |.
b) Schreibe die Sätze in dein Heft ab und setze dabei Satzzeichen:
- *Wählst du einfache Hauptsätze, setze einen Punkt.*
- *Wählst du eine Satzreihe, denke an die Kommasetzung und füge eine passende Konjunktion ein.*

VORSICHT FEHLER!

Seit wann gibt es Papier?

Vor über 2000 Jahren erfand der Chinese Cai Lun die Technik des Papierschöpfens die Faserstoffe des chinesischen Papiers waren Bast, Baumwolle, Chinagras und Seide die Herstellung war geheim das Wissen um die Papiermacherei wurde als Staatsgeheimnis bewahrt nach Grenzstreitigkeiten nahmen Araber im 8. Jahrhundert chinesische Kriegsgefangene vermutlich unter Folter verrieten diese Chinesen ihre Kenntnisse so kam das Wissen um die Papierherstellung nach Samarkand Papier war und blieb eine Kostbarkeit es wurde von Hand gefertigt und in aufwändigen Schritten verfeinert man benötigte für seine Anfertigung bestimmte Ressourcen, Energie und Spezialisten

2 *Die folgenden Satzreihen sind mit nebenordnenden Konjunktionen verbunden. Setze die Kommas zwischen den Teilsätzen und unterstreiche die Konjunktionen, die diese miteinander verbinden.*
Kennst du dich mit Papier aus? Ordne den Sätzen die Fachbegriffe zu, indem du die Buchstaben einträgst.

A Das Wort kommt aus dem Englischen und es bezeichnet dünne, weiche, saugfähige Papiere.

B Dieses Papier muss sehr glatt und reißfest sein denn es muss ohne Probleme riesige Druckmaschinen durchlaufen.

C Das Papier hat eine Zeichnung oder ein Muster aber man sieht dies nur im Gegenlicht.

D Man könnte auf diesem Papier schreiben doch es wird eher zum Einpacken von Obst oder Backwaren benutzt.

E Dieses Papier wird aus Baumwolle und Zellstoff hergestellt und du hast (hoffentlich) ein Blatt davon in jedem Heft liegen.

____ Tütenpapier | ____ Löschpapier | ____ Zeitungsdruckpapier | ____ Wasserzeichen | ____ Tissue

Satzgefüge

!

Ein **Satzgefüge** besteht aus mindestens einem **Hauptsatz** (HS) und einem **Nebensatz** (NS), der eine genauere Erklärung zum Hauptsatz gibt. Nebensätze werden vom Hauptsatz immer durch **Komma** getrennt. Nebensätze werden meist mit einer unterordnenden Konjunktion (▷ z. B. S. 34) oder einem Relativpronomen (▷ S. 31) eingeleitet.

Stellung im Satzgefüge: Ein Nebensatz kann **hinter, vor** oder **innerhalb** eines Hauptsatzes stehen. Beispiele:

„Brille kommt von dem alten deutschen Wort *berille*, das wiederum von *Beryll* abstammt."

HS ,
Relativpronomen NS .

„Da man Sehhilfen früher aus Beryll (Halbedelstein) herstellte, hat sich diese Bezeichnung eingebürgert."

HS .
Konjunktion NS ,

„Lesebrillen, die kleine Schrift besser lesbar machten, waren zunächst weit verbreitet."

HS , HS .
Relativpronomen NS ,

Stellung der Personalform des Verbs:
- Im **Hauptsatz** steht die Personalform des Verbs immer an zweiter Stelle nach dem ersten Satzglied, z. B.:
  „Im 13. Jahrhundert verbreiteten sich die ersten Brillen in Europa."
- Im **Nebensatz** steht die Personalform an dessen Ende, z. B.:
  „Weil die ersten Brillen noch keine Bügel hatten, trug man sie nicht ständig vor den Augen."

1 *a) Unterstreiche in den folgenden Sätzen den Hauptsatz grün, den Nebensatz blau.*
b) Lege zu jedem der Sätze ein Stufenmodell an. Trage dort auch die Kommas ein.

Die Brille ist ein Gestell, das vor den Augen getragen wird.

Weil die Brille meist auf der Nase aufliegt, spricht man auch von einem „Nasenfahrrad".

Jemand, der sich in der Nähe befindende Gegenstände oder Personen schlecht erkennt, ist weitsichtig.

Menschen, die in der Ferne Liegendes nur verschwommen sehen, sind kurzsichtig.

Relativsätze

!

Ein Nebensatz, der ein Bezugswort näher erläutert, heißt Relativsatz.
Ein Relativsatz nimmt oft die Stelle eines Attributs ein.

Attribut — „Es gibt sehr teure *Sonnenbrillen.*"

Relativsatz mit Relativpronomen — „Es gibt *Sonnenbrillen,* die sehr teuer sind."

Relativsätze werden durch ein **Relativpronomen** eingeleitet, z. B.: „der", „die", „das", „welcher", „welche", „welches".

Das Relativpronomen „das" schreibt man – im Unterschied zur Konjunktion „dass" – immer mit *einem* „s".

1 *Forme die unterstrichenen Attribute in Relativsätze um. Schreibe diese auf, denke an die Kommasetzung.*

Seit langer Zeit ist bekannt, dass unangenehmes grelles Sonnenlicht dem Auge schaden kann.

Der natürliche Schutz des Menschen – die Verengung der Pupille mittels der Iris und das Blinzeln – war besonders bei Naturvölkern nicht immer ausreichend.

Besonders in Eis und Schnee lebende Menschen sind durch die durch Reflexion hervorgerufene intensive Lichteinwirkung gefährdet.

Sie halfen sich schon früh mit „Schneebrillen" aus Knochen oder anderen das Licht nur durch einen engen Schlitz hindurchlassenden Materialien.

2 *a) Setze im folgenden Text die fehlenden Kommas, die die Relativsätze vom Hauptsatz abtrennen.*
b) Markiere das Relativpronomen.

Sonnenbrillen

Es gibt Sonnenbrillen welche einen Markennamen tragen.

Aber nicht alle Brillen die einen hohen Preis haben schützen auch gegen die Sonne.

Ein Verbraucher der nicht nur preisbewusst sein will muss auch auf die Qualität der Gläser achten.

Nicht jedes Glas das getönt ist bietet auch einen Schutz vor UV-Strahlen.

Wenn du aber deine Sonnenbrille nur in die Haare stecken willst, dann kannst du auch eine auswählen die keinen besonderen Schutz gegen Sonnenstrahlung aufweist.

Adverbialsätze

!

Nebensätze können die Rolle von Satzgliedern übernehmen. Sie heißen dann auch Gliedsätze.
Wenn Gliedsätze an die Stelle einer adverbialen Bestimmung treten, nennt man sie **Adverbialsätze.**
Du kannst sie erkennen, indem du umformst. Beispiel:

„Wegen Fehlsichtigkeit müssen manche Menschen eine Sehhilfe benutzen."

Adverbiale Bestimmung des Grundes (warum?)

„*Weil* manche Menschen unter Fehlsichtigkeit leiden, müssen sie eine Sehhilfe benutzen."

Adverbialsatz mit Konjunktion *weil*

Gliedsätze werden mit einem **Komma** vom Hauptsatz getrennt.

1 *a) Markiere in den folgenden Sätzen adverbiale Bestimmungen und Adverbialsätze in zwei verschiedenen Farben.*
b) Umkreise bei den Adverbialsätzen die Konjunktion.

Hast du nicht gesehen?

Obwohl es mittlerweile sehr schicke Brillengestelle in allen Farben gibt, wollen manche Menschen keine Brille tragen.

Aus Eitelkeit entscheiden sie sich für Kontaktlinsen.

Die kleinen Kunststoffschalen werden direkt auf die Pupille gesetzt, sodass man sich selbst ins Auge fassen können muss.

Weil Linsen auf der Tränenflüssigkeit schwimmen, dürfen die Augen nicht zu trocken sein.

Wegen einer möglichen Unverträglichkeit kommen manche nicht damit klar.

Wenn besonders empfindliche Kunden kommen, sind die Optiker vorsichtig.

Athleten benutzen lieber Sportlerbrillen, da z.B. bei einem schnellen Lauf leicht ein Sandkorn unter die Linse geraten könnte.

Während Brillen alle Gegenstände stark vergrößern oder verkleinern, sind diese Effekte bei Kontaktlinsen wesentlich geringer ausgeprägt.

2 *Verwandle die adverbiale Bestimmung mit der Umformungsprobe in einen Gliedsatz und umgekehrt. Schreibe den umgewandelten Satz auf.*

Durch Verwendung getönter Linsen kannst du deine Augenfarbe verändern.

___

Nachdem man die Linsen getragen hat, muss man sie säubern.

___

Lege die Kontaktlinsen ab, sobald deine Augen sich röten.

___

! Adverbialsätze werden in der Regel mit einer unterordnenden Konjunktion eingeleitet, z. B.: „weil", „als", „nachdem", „damit", „obwohl", „indem", „wenn", „sodass".

3 *a) Unterstreiche im folgenden Text die Adverbialsätze.*
b) Umkreise die unterordnende Konjunktion und die Personalform des Verbs.

TIPP
Die Personalform des Verbs steht immer am Ende des Gliedsatzes (▷ S. 30).

Wie kommt die Haut auf die Milch?

Du kennst das Problem vielleicht: Obwohl du beim Milchkochen immer gut umgerührt hast, entsteht eine Haut. Milch besteht aus Wasser, Fett und Eiweißen. Wenn Eiweiße heiß werden, verändern sie ihre Form. Das heißt: Indem Hitze zugeführt wird, bilden sich aus den kugeligen Eiweißen längliche Eiweißfäden. Diese Fäden steigen an die Oberfläche und verkleben dort, sodass eine Art Haut entsteht.

4 *Zeichne für die folgenden Sätze Stufenmodelle, wie auf ▷ S. 30 vorgegeben.*

Wenn du diese Eiweißhaut nicht magst, kannst du einen Trick anwenden.

Du musst die Milch kurz abkühlen, damit die Eiweißfäden nicht verkleben.

Du hältst einfach, kurz nachdem die Milch aufgekocht ist, einen Eiswürfel in die Milch.

Damit dir die Milch nicht überkocht, kannst du übrigens dasselbe Verfahren anwenden.

Es gibt verschiedene **Typen von Adverbialsätzen.** Man verwendet sie vor allem zum Erklären und Begründen.

Name des Adverbialsatzes	So kannst du nach ihm fragen	Beispielsatz	Häufig gebrauchte Konjunktionen
Konditionalsatz (Bedingung)	Unter welcher Bedingung? Wann?	„*Wenn es regnet*, entstehen Pfützen."	„wenn", „falls", „sofern", „unter der Bedingung, dass ..."
Konsekutivsatz (Folge, Wirkung)	Mit welcher Folge? Mit welcher Wirkung?	„Auf der Erde hat es einst so stark geregnet, *dass Meere entstanden.*"	„sodass", „so ..., dass", „als dass"
Kausalsatz (Grund, Ursache)	Aus welchem Grund? Warum?	„Regen tritt auf, *weil sich der in der Atmosphäre befindliche Wasserdampf abkühlt und Wassertröpfchen kondensieren.*"	„weil", „da", „zumal"
Finalsatz (Absicht, Zweck)	Mit welcher Absicht? Zu welchem Zweck? Wozu?	„*Damit Pflanzen wachsen können*, brauchen sie Wasser."	„damit", „auf dass"
Modalsatz (Art und Weise)	Wie? Auf welche Art und Weise?	„Man kann Wasser sparen, *indem man Regenwasser sammelt.*"	„indem", „dadurch ..., dass", „in der Art, dass ...", „ohne dass ...", „als ob ..."
Konzessivsatz (Zugeständnis, Einräumung)	Trotz welcher Umstände?	„Manche Menschen hassen Regen, *obgleich er lebensnotwendig ist.*"	„obwohl", „obgleich", „obschon", „wenngleich", „wenn auch"

5 *Untersuche die folgenden Adverbialsätze:*
a) Unterstreiche den Adverbialsatz im Satzgefüge.
b) Frage nach dem Typ des Adverbialsatzes, bestimme ihn und schreibe die Konjunktion heraus.

Warum Kanaldeckel rund sein müssen

Alle Kanaldeckel auf Straßen sind rund, weil man ein Hineinfallen des Deckels in den Schacht vermeiden möchte.

Frage: ______________________

Satztyp-Bestimmung: ______________________

Konjunktion: ______________________

Nur am Rand der Straße – am Bordstein – macht man eine Ausnahme, damit das Wasser besser abfließen kann.

Frage: ______________________

Satztyp-Bestimmung: ______________________

Konjunktion: ______________________

Falls du diese Aussagen überprüfen möchtest, kannst du selbst ein kleines Experiment zu Hause durchführen.

Frage: ______________________________

Satztyp-Bestimmung: ______________________________

Konjunktion: ______________________________

6 *Ergänze die Fragen und setze die richtigen Konjunktionen ein.*

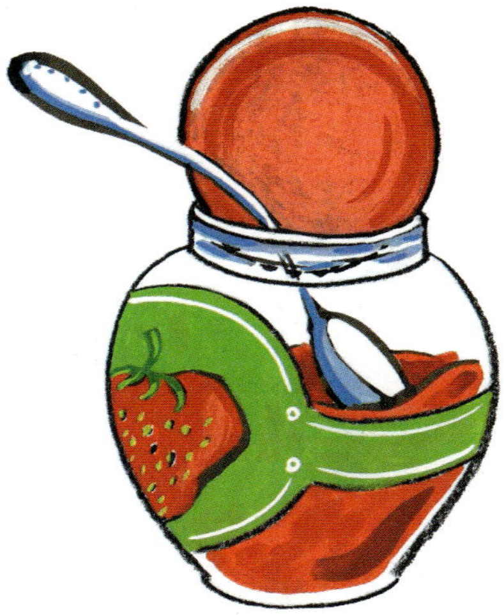

Wie führst du den Beweis, dass Kanaldeckel rund sein müssen?
Nimm ein Marmeladenglas mit einem runden Deckel und versuche, den Deckel in das Glas fallen zu lassen. Es wird dir nicht gelingen.
__________ du scheiterst, führst du den Beweis.
__________ fällt der Deckel nicht ins Glas?
__________ er einen größeren Durchmesser hat als die Öffnung, fällt der Deckel nicht ins Glas.
Jetzt nimm einen Schuhkarton: __________ der Deckel größer ist als der Karton, ist es kein Problem, den Deckel diagonal hineinzustecken.
__________ gibt es die Regel: „Kanaldeckelweitwurf ist strengstens untersagt“?
Diese Regel besteht, __________ kein Unsinn mit Kanaldeckeln passiert.

7 *Verbinde die folgenden Teilsätze so zu einem Satzgefüge, dass die Adverbialsätze die Aussagen in den Hauptsätzen erklären oder begründen.*

Weil das Grundwasser steigt,	bekommen die Anwohner machmal nasse Füße.
Obwohl Schutzvorkehrungen getroffen werden, etwa Sandsack-Mauern,	heben sich die Kanaldeckel und gefährden den Straßenverkehr.
Wenn die Kanäle volllaufen,	weil die Schneeschmelze die Flüsse ansteigen lässt.
Im Frühjahr kommt es häufig zu Hochwasser,	sodass die Menschen dort ihre Häuser nur mit Booten erreichen.
Manchmal stehen in Ufernähe ganze Stadtteile unter Wasser,	können Kanäle die Wassermassen nicht mehr aufnehmen.

Temporalsätze
Gliedsätze, die die Rolle einer adverbialen Bestimmung der Zeit einnehmen, nennt man Temporalsätze. Mit dem Temporalsatz wird das zeitliche Verhältnis zwischen zwei Ereignissen dargestellt, die im Hauptsatz und im Gliedsatz nebeneinanderstehen. Beispiele:

- **Vorzeitigkeit:** „Die Welt wirkt fröhlicher, ***nachdem** ein Regenbogen zu sehen war.*"
- **Gleichzeitigkeit:** „***Sobald** du einen Regenbogen siehst,* kannst du dir etwas wünschen."
- **Nachzeitigkeit:** „***Ehe** er den Regenbogen sah,* war er zu nichts zu bewegen."

Temporale Konjunktionen sind z. B.: „als", „während", „wenn", „nachdem", „seitdem", „bevor", „bis", „sooft", „solange", „sobald", „ehe".

8 *Unterstreiche im folgenden Text nur die Temporalsätze. Vorsicht: Es gibt auch andere Gliedsätze!*

TIPP
Mit der **Frageprobe** kannst du temporale Gliedsätze erkennen.
Du kannst z. B. fragen: „Wann?" „Wie lange?" „Seit wann?"

Regenbogen oder Regenkreis?

(1) Seitdem Menschen einen Regenbogen beobachteten, machten sie sich Gedanken über seine Entstehung. (2) Physiker fanden heraus: Ein Regenbogen entsteht, sobald sich das Sonnenlicht an der Grenzfläche zwischen Luft und Wassertropfen bricht und an der Innenfläche dieser Tropfen reflektiert, also gespiegelt wird. (3) Regenbögen sind nicht alltäglich, sondern eher selten, denn ein Regenbogen setzt eine bestimmte Wettersituation voraus. (4) Es muss einiges zusammenkommen, bevor dieses beeindruckende Naturereignis entsteht. (5) Es muss regnen, und zugleich muss auch die Sonne scheinen. (6) Erst nachdem die Sonne aufgegangen ist, sind auch Regenbögen möglich: Dann muss es in westlicher Richtung regnen. (7) Der größte Regenbogen, ein Halbkreis, entsteht, wenn die Sonne am tiefsten steht, also bei Sonnenuntergang oder -aufgang. (8) Während der Regenbogen deutlich sichtbar ist, kann man sieben Farben erkennen: Rot, Orange, Gelb, Weiß, Grün, Blau und Violett. (9) Tatsächlich fließen diese Spektralfarben sanft ineinander. (10) Da aber unser Auge nur eine begrenzte Sehschärfe hat, werden sieben voneinander getrennte Farbstreifen wahrgenommen. (11) Übrigens: Halbkreisförmig sind Regenbögen nur deshalb, weil der Horizont den unteren Teil vor unseren Augen verbirgt. (12) Regenbögen sind eigentlich ganze Regenkreise.

9 *a) Entscheide für die Temporalsätze im vorangegangenen Text, für welche zeitlichen Verhältnisse sie stehen: Vorzeitigkeit V, Gleichzeitigkeit G oder Nachzeitigkeit N? Trage deine Ergebnisse ein und ergänze die Konjunktion.*

Satz Nr.	Zeitl. Verhältnis	Konjunktion	Satz Nr.	Zeitl. Verhältnis	Konjunktion

b) Forme einen der von dir markierten Temporalsätze in ein Satzglied (= adverbiale Bestimmung der Zeit) um.

Subjektsätze und Objektsätze (Inhaltssätze)

!

Die Rolle des Subjekts oder des Objekts in Sätzen kann auch von Nebensätzen, den Subjektsätzen und Objektsätzen, übernommen werden. Dann entstehen Satzgefüge:

Subjektsatz = NS , *HS* .   *Objektsatz = NS* , *HS* .

- Der **Subjektsatz** lässt sich wie das Satzglied Subjekt erfragen.
  „Wer seine Meinung immer der Mehrheit anpasst, dreht seine Fahne nach dem Wind."
  Frageprobe: **Wer** oder **was** dreht seine Fahne nach dem Wind? „... wer seine Meinung immer der Mehrheit anpasst."
- Der **Objektsatz** lässt sich wie das Satzglied Objekt erfragen.
  „Ich merkte, dass ich im Gespräch den Faden verlor."
  Frageprobe: **Wen** oder **was** merkte ich? „... dass ich im Gespräch den Faden verlor."

Subjekt- und Objektsätze geben den Inhalt dessen an, was man weiß, sagt, vermutet, hofft, wünscht; was klar oder unklar ist. Deshalb nennt man diese Gliedsätze auch **Inhaltssätze.**

Zwischen Hauptsatz und Inhaltssatz steht ein **Komma.**

1 *Subjektsätze oder Objektsätze?*
a) Bestimme mit Hilfe des Satzes in der Klammer, welches Satzglied zum Gliedsatz geworden ist. Kreise es ein.
b) Zeichne unter das Satzgefüge das Satzmuster.
TIPP: *Gliedsätze können vor oder hinter dem Hauptsatz stehen.*

(Es ist eine Redensart.)
Dass der Hase im Pfeffer liegt, ist eine Redensart.
Subjektsatz , *Hauptsatz* .

(Jemand ist hasenfüßig.)
Wer ängstlich ist, der ist ein Hasenfuß.

(Ich hoffe auf etwas.)
Ich hoffe darauf, dass ich niemandem mit meiner Direktheit auf die Füße trete.

(Es hängt mir zum Halse heraus.)
Dass wir so viele Klassenarbeiten schreiben, hängt mir zum Halse heraus.

(Das ist doch zu dumm.)
Dass wir noch am vorletzten Schultag Hausaufgaben aufhaben, ist doch zu dumm.

(Man glaubte früher vieles.)
Man glaubte früher, dass in den Nieren das Gewissen sitzt.

Formen von Inhaltssätzen (Subjekt- und Objektsätzen)
Inhaltssätze werden auf unterschiedliche Art und Weise gebildet:

Beispiele	Formen von Inhaltssätzen
„Manche meinen, ***dass** man auf seine Eltern immer hören sollte.*“	**dass-Satz**
„Der Vater überlegt, ***ob** seine Tochter vielleicht etwas an den Ohren hat.*“	**indirekter Fragesatz** (Hat die Tochter vielleicht etwas an den Ohren?)
„Eltern fragen sich, ***warum** Kinder auf das Wort ‚Schlafenszeit‘ taub reagieren.*“	(Warum sind Kinder bei dem Wort „Schlafenszeit“ häufig taub?)
„Der Sohn behauptet, *das Wort ‚Zähneputzen‘ nicht **zu kennen**.*“	**Infinitivsatz** (satzwertiger Infinitiv)

2 *a) Unterstreiche im folgenden Text die Inhaltssätze.*
b) Schreibe daneben an den Rand, ob es sich um einen Subjektsatz (Ss) oder einen Objektsatz (Os) handelt.

Warum wir hören

Os

Manche Professoren wollten heraus finden, warum wir eigentlich hören können. In einer Vorlesung der Kinder-Uni erklärte ein Hals-Nasen-Ohren-Spezialist, ab welchem Alter wir hören können. Zunächst stellte sich die Frage, was das Erste ist, was man als Mensch in seinem Leben hört. Viele denken, dass es die Stimme der Hebamme ist, die „Juhu!“ und „Endlich!“ und „Supi!“ ruft, wenn man auf die Welt kommt. Aber: Der erste Laut ist der Herzschlag der Mutter – schon im Alter von vier Monaten hört der Embryo ihn. Allerdings weiß niemand, wie er mit seinem nagelneuen Ohr hört. Viel anfangen kann der Embryo mit den Lauten noch nicht. Er weiß nicht, woher sie kommen und wer sie erzeugt. Alles, was das Baby hört, wird über Schallwellen zu ihm gebracht. Wer das Hören verstehen will, muss sich deshalb gründlich mit ihnen beschäftigen.

3 *Überarbeite den Text, indem du die indirekten Fragesätze in direkte Fragen umwandelst.*

Warum können wir eigentlich hören?

4 *Bestimme die Form der folgenden Inhaltssätze.*

Was Schallwellen eigentlich sind, ist nicht ganz klar.

Jeder weiß, dass Schallwellen entstehen, wenn Michael Schumacher seinen Ferrari auf Touren bringt, die Berliner Philharmoniker die Fünfte von Beethoven spielen oder der Lehrer sich auf ein Furzkissen setzt.

Doch wie die komischen Wellen ins Ohr kommen und was sie da machen, ist ziemlich rätselhaft.

5 *Bilde aus den folgenden Sätzen Satzgefüge mit Inhaltssätzen der verschiedenen Formen. Beachte die Zeichensetzung und forme die direkte Rede in indirekte Rede um (▷S. 20).*

In der Vorlesung der Kinder-Uni wurden viele Fragen gestellt:
Die jungen Studenten wollten wissen: Was ist eigentlich ein Tinnitus?

Der Professor beantwortete ihnen die Frage. Jeder Mensch hat ein Eigengeräusch des Ohres, das normalerweise vom Gehirn herausgefiltert wird.

Dann erklärte der Professor weiter: Bei einem Menschen mit Tinnitus funktionieren diese Filter nicht mehr und sie hören ständig Pfeifen, Sirren und Zischen (das lateinische Wort heißt: „Geklirre").

Jemand fragte: „Wodurch wird ein Tinnitus eigentlich ausgelöst?"

Da erfuhren sie etwas Überraschendes. Sowohl Stress als auch laute Musik können zu einem Tinnitus führen.

Viele nahmen sich daraufhin etwas vor. Sie wollten nicht mehr so laut Discman hören.

Infinitivsätze (satzwertige Infinitive) – Zeichensetzung

!

Ein **Infinitivsatz** besteht aus einem Infinitiv mit „zu" und mindestens einem weiteren Wort, z. B.: „Früher hofften Schatzsucher, *das Gold der Inkas **zu finden**.*"

Infinitivsätze werden mit **Komma** vom Hauptsatz abgetrennt,

- wenn der Infinitivsatz durch „um", „ohne", „statt", „anstatt", „außer", „als" eingeleitet wird, z. B.: „Sie nahmen große Gefahren in Kauf, ***um** diese Schätze im Urwald zu finden.*"
- wenn der Infinitivsatz von einem Nomen oder von einem hinweisenden Wort abhängt, wie z. B. „daran", „darauf" oder „es": „Sie hatten ***die Absicht,*** *die Reichtümer zu finden.*" – „Sie freuten sich sehr ***darauf,*** *die Reichtümer zu finden.*"

In allen anderen Fällen kann das Komma zur Lesefreundlichkeit gesetzt werden, falsch ist es nie.

1 *a) Lies den folgenden Text und umkreise die Infinitive.*
b) Unterstreiche jeweils den gesamten Infinitivsatz, markiere gegebenenfalls hinweisende Wörter.

Es ist nicht alles Gold, was glänzt

Gold ist selten, weil es meistens sehr viel Arbeit braucht, dieses Metall aus der Erde zu holen, und auch, weil es gehortet wird. Gold wurde zu Geld, und viel Geld zu haben bedeutet, reich zu sein. Deshalb fielen die Könige und Fürsten des Mittelalters immer erneut auf Scharlatane herein, die ihnen versprachen, Gold künstlich herzustellen. Diese Scharlatane nannte man Alchimisten, und ihre „Kunst", die „Alchimie", blühte vor allem in Deutschland und Nordeuropa.
Ihre Versuche, das heißbegehrte Metall aus irgendwelchen anderen Stoffen herauszukochen oder zusammenzubrennen, ließen sich die Alchimisten fürstlich bezahlen. Bisweilen neigten sie dazu, ihren Auftraggebern golden aussehende Substanzen vorzuzeigen, zum Beispiel Metallkrümel oder Kupfermischungen, die aber bald zerfielen. Aber dann hatten sich die Meister dieser „Geheimkunst" oft bereits aus dem Staube gemacht, nicht ohne sich vorher aus der Geldschatulle des geleimten Königs ein üppiges Honorar auszahlen zu lassen. Zumindest für ihren eigenen Bedarf war es ihnen mit ihrer Quacksalberei gelungen, Gold herbeizuschaffen.
Einer der Alchimisten hat es immerhin dazu gebracht, für seinen Scheinerfolg geadelt zu werden. Kaiser Friedrich der Dritte ernannte seinen Hofalchimisten Richthausen zum „Baron von Chaos".

2 *Ergänze die folgenden Sätze durch Infinitivsätze. Benutze die angebotenen Wortgruppen und denke an die Kommas.*

reich werden	auf eine Goldader stoßen	Gold herstellen

Die Goldgräber bemühten sich ______________________________

Sie träumten davon ______________________________

Ein Alchimist versuchte ______________________________

Teste dich! – Rund um Sätze und Satzglieder

Warum lacht der Mensch?

1 *a) Untersuche den folgenden Satz und kreuze an, um welche Satzkonstruktion es sich hier handelt:*

Der Mensch ist das einzige Lebewesen, das lachen kann.

☐ HS + HS ☐ HS + NS ☐ NS + HS

b) Welche der folgenden Regeln (A) bis (H) trifft auf die Kommasetzung in den Sätzen (1) bis (5) zu? Schreibe den oder die richtigen Buchstaben hinter den Satz.

(A) Das Komma trennt zwei Hauptsätze.

(B) Das Komma trennt Hauptsatz und Nebensatz.

(C) Das Komma trennt zwei Hauptsätze, man könnte es auch weglassen.

(D) Das Komma signalisiert einen Infinitivsatz.

(E) Das Komma trennt Hauptsatz und Adverbialsatz.

(F) Das Komma trennt Adverbialsatz und Hauptsatz.

(G) Das Komma trennt Hauptsatz und Relativsatz.

(H) Das Komma signalisiert einen Inhaltssatz.

(1) Man spricht zwar vom Lachen der Hyänen, aber das ist nicht mehr als eine Art Heulen. ☐ ☐

(2) Lachen ist eine Form der Mitteilung, und es gewinnt seinen sozialen Sinn im Miteinander. ☐ ☐

(3) Es kommt vor, dass wir auch allein loslachen müssen. ☐ ☐

(4) Dass diesem einsamen Lachen das Ziel (der Adressat) fehlt, spüren wir aber sehr schnell. ☐ ☐

(5) In einer Gruppe lacht es sich am besten, weil Lachen sozusagen ansteckend ist. ☐ ☐

2 *Unterstreiche in den folgenden Sätzen die Nebensätze und bestimme sie:*

Lachen verbindet jene, die miteinander lachen. ______

Lachen kann so herzhaft sein, dass es ansteckend wirkt. ______

Der Wert dieses Signals erhöht sich, wenn es sich in der Gruppe ausbreitet. ______

3 *Unterstreiche die Inhaltssätze und bestimme sie: Subjekt- oder Objektsatz?*

Wer nicht lacht, wird als störend empfunden. ______

Wir bedauern, dass die eben aufgebauten Lachmuskeln wieder abschlaffen. ______

Wer zuletzt lacht, lacht am besten. ______

4 *Im folgenden Text beginnt jeder Satz mit dem Subjekt „Das Lachen". Das wirkt langweilig. Überarbeite den Text, indem du die Umstellprobe (▷ S. 26) und die Ersatzprobe (▷ S. 26) anwendest. Du kannst die Teilsätze innerhalb eines Satzgefüges auch tauschen.*

Das Lachen ist uns Menschen als Verhaltensmerkmal genetisch einprogrammiert worden.

______

Das Lachen beruht auf einem Mechanismus zwischen den Nervenzellen eines bestimmten Gehirnareals.

___

Das Lachen ist einem Tier nicht eigen, weil es diesen „Lach-Schaltkreis“ nicht hat.

___

5 *Lies den folgenden Text und schreibe dann die Nummern der unterstrichenen Satzglieder an der richtigen Stelle in die Tabelle.*

Was wird mit dem Lachen mitgeteilt?

Die „Falsche-Alarm-Theorie“ (1) besagt Folgendes: Durch Lachen teile ich den anderen die Harmlosigkeit eines Ereignisses (2) mit. Lachen bedeutet (3) „Entwarnung“. In bedrohlich scheinenden Situationen (4) wirkt ein Lachen als Zeichen für Gefahrlosigkeit. Fernsehsendungen, in denen zufällig gefilmte Missgeschicke von Menschen gezeigt werden, sind aus diesem Grund (5) erfolgreich. Glücklicherweise (6) klettert ein Pilot nach einer Bruchlandung (7) unverletzt (8) aus der Maschine. Der Trainer lobt einen Sportler für seinen Trampolinsprung (9), als dieser auf einmal (10) danebenspringt. Lachend (11) springt der Sportler wieder auf, er hat keinen Schaden (12) genommen. Nichts (13) wirkt komischer als das Missgeschick eines anderen, bei dem sofort Entwarnung gegeben werden kann, weil es glimpflich ausgeht. Das Lachen teilt den anderen (14) mit, dass niemand zu Hilfe kommen muss.

Subjekt	___	**Akkusativobjekt**	___
Prädikat	___	**Präpositionalobjekt**	___
Dativobjekt	___	**adverbiale Bestimmung**	___

Werte deine Ergebnisse aus, indem du deine Antworten mit dem Lösungsheft abgleichst. Für jede richtige Antwort bekommst du einen Punkt.

☺ ***34–25 Punkte*** *Gut gemacht!*	☺ ***24–18 Punkte*** *Gar nicht schlecht. Schau dir die Merkkästen der Seiten 26 bis 40 noch einmal an.*	☹ ***17–0 Punkte*** *Arbeite die Seiten 26 bis 40 noch einmal sorgfältig durch.*

Satzzeichen setzen

!

Satzzeichen bei wörtlicher Rede
Die wörtliche Rede steht **in Anführungszeichen.**
Der **Redebegleitsatz** kann vor, inmitten oder nach der wörtlichen Rede stehen.

- Zwischen einem vorangestellten Redebegleitsatz und der wörtlichen Rede steht immer ein Doppelpunkt, z. B.: Die Mutter ruft**:** **„**Geht jetzt endlich ins Bett!**“**
- Der eingeschobene Redebegleitsatz wird durch Kommas abgetrennt, z. B.: **„**Ich möchte jetzt**“,** fügt sie hinzu**, „**meine wohlverdiente Ruhe haben.**“**
- Der nachgestellte Redebegleitsatz wird durch ein Komma von der wörtlichen Rede abgetrennt, z. B.: **„**Ich wünsche euch eine gute Nacht!**“,** ruft sie hinter den Kindern her.

1 *a) Schriftsteller verfügen über dichterische Freiheit, das heißt, sie müssen sich nicht unbedingt an alle Regeln der deutschen Sprache halten. Ergänze im folgenden Gedicht die fehlenden Satzzeichen bei der wörtliche Rede.*

Hans Adolf Halbey

Trotzdem

Wenn die Mama morgens schreit
Aufstehn, Kinder, höchste Zeit! –
sagt ein richtig braves Kind
Die spinnt!

Zähneputzen, frische Socken
und zum Frühstück Haferflocken,
Vaters Sprüche Das macht stark! –
alles Quark!

Wer am Morgen ohne Schimpfen,
Fluchen, Stinken, Naserümpfen
etwa brav zur Schule geht –
der ist blöd.

Lärmen, prügeln, Türen knallen,
allen auf die Nerven fallen,
grunzen, quieken wie ein Schwein –
das ist fein!

Und wenn Papa abends droht
Schluss mit Fernsehn, Abendbrot! –
schreit doch jedes Kind im Haus
Raus!
Trotzdem: Kinder, schützt eure Eltern!

b) Überlege, was der letzte Vers des Gedichts bedeutet.

____

____

2 *Schreibe das folgende Gedicht in eine Geschichte um. Gestalte deine Geschichte abwechslungsreich, indem du auf treffende Verben aus dem Wortfeld „sagen“ und auf eine unterschiedliche Stellung der Redebegleitsätze im Satz achtest. Arbeite im Heft. So könnte deine Geschichte beginnen:* Eines Nachmittags bat Felix seinen Vater: „Spiel mit mir Fußball, Vati!“ Doch dieser antwortete: „Ich hab keine Zeit.“

Hans Adolf Halbey

Von der Zeit

Spiel mit mir Fußball, Vati!
Ich hab keine Zeit.
Dann kauf dir doch Zeit, Vati!
Ich kauf mir ein Fahrrad,
dann komme ich früher nach Hause
und habe auch Zeit.

Geh mit mir schwimmen, Vati!
Ich hab keine Zeit.
Du hast doch ein Fahrrad!
Das macht mich zu müd.
Ich kauf mir ein Auto,
dann bin ich ganz schnell zu Haus
und habe auch Zeit.

Zeigst du mir Bilder, Vati?
Ich hab keine Zeit.
Aber du hast doch ein Auto!
Das kostet viel Geld.
Ich arbeite länger,
bis es bezahlt ist.
Dann habe ich Zeit.

Da sparte der Junge die Zeit,
sammelte alle verlorene Zeit –
und als die Zeit gekommen war
und der Vati das Zeitliche segnete,
da kaufte der Junge einen Kranz
für den Vati
und die Zeit.

Satzzeichen in Satzreihe und Satzgefüge

- Selbstständige Teilsätze in einer **Satzreihe** (▷ S. 29) werden durch Komma voneinander getrennt. Achtung: Vor „und“, „oder“, „weder ... noch“, „entweder ... oder“ ist das Komma möglich, aber nicht notwendig, z. B.:
  „In Westafrika ist die Aufgabentrennung sehr klar(,) und die Geburt regeln Frauen ganz ohne Männer.“
- Im **Satzgefüge** (▷ S. 30) werden Hauptsatz und Nebensatz durch Komma voneinander getrennt, z. B.:
  „In deutschen Krankenhäusern ist es inzwischen üblich, dass Väter ihre Frau bei der Geburt begleiten.“
  Nebensätze können nachgestellt, vorangestellt oder eingebettet sein.

1 *Unterstreiche im folgenden Text alle Hauptsätze (▷ S. 26) und setze die fehlenden Kommas.*

Baby ist nicht gleich Baby

Behandeln alle Eltern auf der Welt ihr Baby gleich weil es ein spontanes inneres Wissen darüber gibt wie der Umgang mit Babys funktioniert? Oder werden zum Beispiel in afrikanischen Ländern Säuglinge ganz anders großgezogen als in Europa?

Es gibt Verhaltensweisen bei denen sich Mütter in allen Ländern gleichen aber Forschungen haben doch ergeben dass die Unterschiede erstaunlich groß sind. So wurden zum Beispiel Frauen aus dem westafrikanischen Nso-Stamm Filmaufnahmen von deutschen Müttern gezeigt die ihr Baby auf den Boden legten. In Deutschland ist dies ein völlig normales Verhalten das das kleine Kind anregen soll zum eigenständigen Spiel und zum Erproben der eigenen Fähigkeiten. Die afrikanischen Frauen hingegen ließen den deutschen Frauen nachdem sie den Film gesehen hatten ausrichten dass sie dieses herzlose Verhalten doch unterlassen sollten. Sie hatten das Gefühl dass eine Mutter die ihr Kind liebt es niemals so hilflos auf dem Boden liegen lassen könne. Andersherum waren deutsche Mütter völlig empört als sie sahen wie afrikanische Frauen ihre Säuglinge schüttelten und rüttelten. Dieses in unseren Augen recht grobe Verhalten empfinden Afrikaner als Ausdruck besonderer Zuneigung. Im Nso-Stamm werden schon halbjährige Babys mit Stützen versehen damit sie sehr früh laufen lernen während man bei uns so lange wartet bis das Kind auch wirklich selbst laufen möchte. Das dauert oft mehr als 15 Monate. Ein halbjähriges Kind in Deutschland kann meist gerade ein wenig über den Boden robben. Westafrikanische Frauen fragen deutsche Eltern wie diese es fertigbringen ihr Baby allein in seinem Bettchen schlafen zu lassen. Sie tragen ihre Säuglinge den ganzen Tag auf dem Rücken mit sich herum und sie nehmen sie auch selbstverständlich mit zu sich ins Bett.

☆ **2** *Verknüpfe die folgenden Sätze zu Satzreihen und Satzgefügen. Benutze geeignete Konjunktionen. Schreibe die Sätze in dein Heft und beachte die Kommasetzung.*

Deutsche Eltern sprechen von Anfang an viel mit ihrem Säugling und achten auf seine Reaktion.
In Westafrika ist ein frühes Laufenkönnen wichtig.
In Deutschland hat ein Kind meist nur zwei Bezugspersonen.
Im Nso-Stamm hilft die ganze Großfamilie beim Aufziehen der Kinder mit.
In Deutschland suchen viele Mütter Rat bei Erziehungshandbüchern.
Die Kinder sollen möglichst früh ihr ganz individuelles Wesen ausprägen.
In Deutschland fühlen sich viele Mütter bei ihrer Erziehungsaufgabe allein gelassen.
Die Kinder sollen möglichst früh kleine Aufgaben für die Gemeinschaft erledigen.

Teste dich! – Satzzeichen

1 *Setze im folgenden Text die fehlenden Satzzeichen.*
Klammere Kommas ein, die man setzen kann, aber nicht muss.

Louis Sachar **Buchtipp**

Löcher – Die Geheimnisse von Green Lake

Du kannst es dir aussuchen: Entweder du gehst ins Gefängnis oder du kommst nach Camp Green Lake sagt der Richter. Stanley entscheidet sich für das Camp denn er will auch gern einmal Spaß haben wie in einem Feriencamp üblich. Da hat er sich aber gründlich getäuscht mit Ferien hat dieses Camp nichts zu tun. Die ersten Worte von Mr Sir sind Du hast jeden Tag ein Loch zu graben. Das Camp liegt mitten in der brütend heißen Wüste wo es nirgends Schatten gibt. Mal wieder scheint es zu stimmen dass bei Familie Yelnats alles schlecht läuft. Ausgerechnet Stanley wird diesen Fluch der schon seit hundert Jahren auf der Familie liegt aber schließlich brechen Zuerst allerdings muss er sich im Lageralltag mit all den schweren Jungs behaupten. Er freundet sich mit Zero an weil dieser von Stanley das Lesen lernen will. Es folgt eine atemberaubende Flucht bei der Stanley sein Leben riskiert weil er seinen Freund nicht im Stich lassen will. Wer aber aus dem Camp abhaut trifft auf Skorpione und Klapperschlangen und die Geier warten schon. Am Ende wendet sich Stanleys Schicksal durch seinen großen Mut … Unglaublich ist diese Geschichte und so spannend dass man beim Lesen alles um sich herum vergisst.

2 *Schreibe den Buchstaben der passenden Erklärung jeweils in das Kästchen zu den Sätzen 1 bis 5.*

Hier kann ein Komma gesetzt werden: (A) Hier muss ein Komma gesetzt werden: (B)
Hier wird kein Komma gesetzt: (C)

1. Stanley findet eine Patronenhülse und erregt damit das Aufsehen der Lagerleiterin.
2. Zero ist Analphabet aber er will das endlich ändern.
3. Stanley zeigt in der entscheidenden Situation erstaunlichen Mut und das löst schließlich den Fluch.
4. Entweder muss Stanley für den Rest seines Lebens Löcher graben oder er muss in die Wüste fliehen.
5. Nach Hause schreibt Stanley muntere Briefe und verschweigt das zermürbende Gegrabe völlig.

3 *Begründe für jeden Satz die Kommasetzung.*

Das Ganze beginnt damit, dass Turnschuhe vom Himmel fallen.

____

Das größte Problem, das die Jugendlichen bei einer Flucht haben, ist die endlose Wüste ringsum.

____

„Keine Angst", sagte Mr Sir, „ich werde dich nicht erschießen."

____

Werte deine Ergebnisse aus, indem du deine Antworten mit dem Lösungsheft abgleichst.
Für jede richtige Antwort bekommst du einen Punkt.

21–17 Punkte *Gut gemacht!*	***16–11 Punkte*** *Gar nicht schlecht. Schau dir die Merkkästen der Seiten 43 bis 44 noch einmal an.*	***10–0 Punkte*** *Arbeite die Seiten 43 bis 44 noch einmal sorgfältig durch.*

Groß- und Kleinschreibung

!

Folgende Regeln zur Großschreibung kennst du:

1. **Nomen** schreibt man groß.
   Hinweis: Wörter, die auf *-heit, -keit, -nis, -ung, -tum, -schaft* enden, sind Nomen und werden deshalb großgeschrieben.
2. **Eigennamen** schreibt man groß.
3. **Satzanfänge** schreibt man groß.
4. Den **Beginn der wörtlichen Rede** schreibt man groß.
5. Die **Anredepronomen** bei der **höflichen Anrede** schreibt man groß.
6. Wörter, die im Satz als Nomen gebraucht werden, obwohl sie eigentlich anderen Wortarten angehören, werden großgeschrieben **(Nominalisierung)**.

1 *Moritz will einen Artikel für die Schülerzeitung verfassen und hat am Computer tippend versehentlich alles kleingeschrieben.*
a) Unterstreiche im folgenden Text alle Wörter, die großgeschrieben werden.
b) Schreibe die Nummer der jeweiligen Regel in die Kästchen.

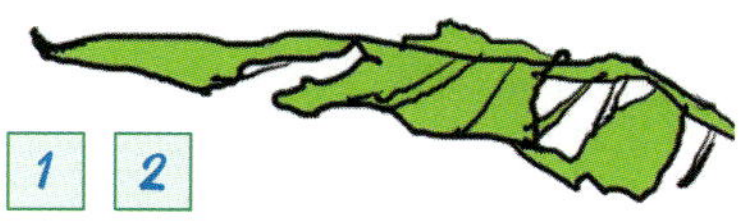

Alarm im Kottenforst

nur kahle äste zeigen zum himmel. es ist frühling und der sonst so grüne kottenforst bei bonn ist nahezu entblättert. nicht saurer regen bzw. autoabgase machen dem laubwald zu schaffen, sondern unzählige raupen, die lautlos über den wald herfallen. das wegfressen der blätter ist für sie ein werk von wenigen tagen. der leiter der land- und forstwirtschaftlichen bundesanstalt in darmstadt, max müller, macht jedoch hoffnung: „seien sie unbesorgt. es sind die larven des frostspanners, die sich von frischen knospen und blättern ernähren. aber da sie sich jetzt verpuppen, können sich die bäume im sommer wieder erholen.“

1	2				

2 *Groß- oder Kleinbuchstaben? Streiche im folgenden Gedicht den falschen Buchstaben durch.*

Die F/frostspannerraupen, die K/kleinen
mit nur W/wenigen B/beinen,
saßen auf einem G/grünen B/blatt
und fraßen sich ganz M/megasatt.

D/doch ein B/blatt gab für sie nichts her,
sie wollten von B/blüten und B/blättern immer mehr,
und krochen den A/apfelbaum hinauf
und räumten ihn ganz O/ordentlich auf.

D/der A/apfelbaum war schlimm A/anzuschaun
ohne B/blätter, dürre Ä/äste, wahrlich kein T/traum.
D/doch die R/raupen fraßen sich F/fett
und bauten sich je ein S/seidenbett.

E/eingesponnen in süßen T/träumen
auf den H/hohen A/apfelbäumen
mit der M/mahlzeit vor dem R/raupenschlund,
das machte sie ganz K/kugelrund.

S/so träumen sich die R/raupenkinder
durch den S/sommer, H/herbst und W/winter.
D/doch wenn der F/frost herniederfällt,
ein S/schmetterling kommt in die W/welt.

!

Nominalisierungen
Wörter anderer Wortarten schreibt man groß, wenn sie im Satz als Nomen verwendet werden. Diese nominalisierten Wörter können wie Nomen dekliniert werden und auch Singular und Plural bilden. Nicht immer wird eine Nominalisierung durch ein Signalwort angekündigt. Wenn man dieses ergänzen könnte, schreibt man groß:

Nomensignale	Beispiele
ein **Artikel:**	„*das* Laufen", „*ein* Brausen", „*das* Gute"
eine **Präposition** (kann mit einem Artikel verschmolzen sein: „bei dem = beim"):	„*beim* Schlüpfen", „*im* Grünen", „*zum* Fürchten"
ein vorangestelltes **Adjektiv** (oft in Verbindung mit Artikel oder Präposition):	„*das* große Gähnen", „*im* genau Gesehenen"
ein vorangestelltes **Pronomen** oder eine **Mengenangabe:**	„*ihr* Kriechen", „*nichts* Wichtiges"

3 *a) Setze die folgenden Verben und Adjektive in ihrer richtigen Form in die Lücken ein:*

laufen | *kriechen* | *lecker* | *ablegen* | *aufpicken* | *schlüpfen* | *allgemein* | *schlüpfen* | *fliegen* | *fressen*

Der kleine Frostspanner

Beim Frostspanner handelt es sich um einen Vertreter der Schmetterlinge. Die männlichen Falter haben im ______ hellgraue und graubraune Flügel, während die Stummelflügel der weiblichen Falter nicht zum ______ geeignet sind. Die Weibchen ______ im Herbst 100 bis 200 Eier in Rindenvertiefungen der Bäume ______. Das ______ der kleinen Raupen, die sofort mit dem ______ von Blättern und Blüten beginnen, erfolgt im Frühjahr. Man schmunzelt immer wieder über das komische ______ oder ______. Diese spannerartige Fortbewegung ist bedingt durch die Bauchfüße der Raupe, wobei sie bei Berührung auch einen Buckel macht („Katzenbuckel"). Im Herbst ______ die Falter. Wegen der ersten Nachtfröste in dieser Schlupfzeit nennt man sie Frostspanner. Etwas ______ sind Raupen für die Vögel, die sie für ihre Jungenaufzucht im Frühjahr benötigen. Aber auch Hühner ______ die Raupen unter den Bäumen ______.

b) Unterstreiche bei den Nominalisierungen die Nomensignale.
c) Trage die Nominalisierungen mit den Nomensignalen in die nachfolgende Tabelle ein.

Artikel	______
Präposition	______
Adjektiv	______
Pronomen/Mengenangabe	______

- **Nominalisierte Adjektive** schreibt man groß.
- **Adjektive im Superlativ** mit „am" werden wie alle Adjektive kleingeschrieben. „Am" ist hier kein Signalwort, sondern gehört zum Superlativ, z. B.: „schön – schöner – am schönsten"; „gut – besser – am besten"; „viel – mehr – am meisten".

Agathe und Evelyn unterhalten sich über Daily Soaps. In ihren Äußerungen verwenden sie Adjektive sowohl in der nominalisierten Form als auch als Superlativ.

4 *Setze das angegebene Adjektiv jeweils in der richtigen Form ein. Achte darauf, die nominalisierten Adjektive großzuschreiben.*

Am nettesten fand ich Inge, die sich nach langer Zeit wieder in Dettmer verliebt hat.

nett

Igitt!

Das ______________ an der Inge war, dass sie nur kurz in der Serie auftauchte.

Ihre großen Ohrringe waren das ______________, was ich je gesehen habe.

elegant

Sie ist am ______________, wenn sie nicht so sehr mit Schmuck behängt ist.

Jedenfalls bemühte sie sich auf das ______________ um Dettmer.

eifrig

Am ______________ übte sie eher den verführerischen Augenaufschlag.

Dass sie sich am Schluss endlich küssten, war das ______________ in der Sendung.

schön

Ja, ja, der längste Kuss seit Wochen.

Am ______________ aber fand ich den eigenartigen Gesichtsausdruck Dettmers.

Gerade diese Doppeldeutigkeiten sind mir am ______________. Sie deuten schon die Handlung der nächsten Sendung an.

lieb

Das ______________ sind mir Ehrlichkeit, Geradlinigkeit, Zuverlässigkeit.

Nun, der Kuss am Ende war doch das ______________ der Sendung.

gut

Am ______________ war das Ende der Sendung. Danach konnte jedes Programm nur besser werden.

Aber Evelyn, warum schaust du dir dann diese Sendungen an?

Nun, Agathe: Damit ich mit dir darüber lästern kann!

!

Groß- und Kleinschreibung bei Tageszeiten und Wochentagen

1. Bezeichnungen für Tageszeiten und Wochentage werden **großgeschrieben**, wenn sie **Nomen** sind. Du erkennst sie an den üblichen Nomensignalen. Beispiele:
   - Artikel — „*der* Montag", „*ein* Montagnachmittag"
   - (Artikel +) Präposition — „*am* Morgen", „*von* Mittwoch *bis* Freitag"
   - (Artikel +) Adjektiv — „*der heutige* Dienstag"
   - Pronomen — „*jeder* Mittwoch", „*dieser* Samstag"
2. Bezeichnungen für Tageszeiten und Wochentage werden **kleingeschrieben**, wenn sie **Adverbien** sind: „gestern", „heute", „morgen", „montags", „morgens", „montagabends", „montags mittags".
3. Bei **zweiteiligen Tageszeitangaben** schreibt man die Adverbien klein und die Nomen groß: „heute Morgen", „gestern Abend", „morgen Nachmittag".

TIPP

Verbindungen aus Wochentag und Tageszeitangaben werden zusammengeschrieben: „Montagnachmittag", „Mittwochabend".

5 *Schreibe die Wörter (Zeitangaben) in Großbuchstaben in der richtigen Schreibweise in dein Heft.*

Die Talentshow

Mirjana, Mitglied der SV, freut sich darauf, mit neuen Ideen die diesjährige Talentshow zu gestalten. Bereits SEIT EINIGEN TAGEN laufen die Vorbereitungen auf Hochtouren. Als sie GESTERN im Kino war, wie meist SAMSTAGS ABENDS, unterhielt sie sich mit ihrer Freundin Juliane über einige Sketche, die sie darbieten möchten. Denn ÜBERMORGEN haben sie ein SV-Treffen, bei dem die Arbeit für DIE NÄCHSTEN WOCHEN aufgeteilt wird. Statt wie üblich NACHMITTAGS im SV-Raum Musik zu hören, werden sie also schon AM DIENSTAG die Einzelheiten mit der SV besprechen. Unter Umständen wird es aber auch EIN LANGER NACHMITTAG werden, wenn das Treffen nicht gut genug vorbereitet wird. Deshalb schreibt Mirjana AM SONNTAG die Termine der kommenden Woche in ihren Terminplaner.

6 *Mirjana will am Abend des 7. Mai einen kleinen Ausblick auf den kommenden Tag in ihr Tagebuch schreiben. Sie schaut dazu ihre Notizen im Terminplaner an. Formuliere zu Mirjanas Terminnotizen einen Tagebucheintrag in vollständigen Sätzen. Verwende die folgenden Zeitangaben:*

morgen Abend	nachmittags	morgen	am Mittag

Montag, 8. Mai: 8.00 – 12.30 Uhr – Unterricht bis zur fünften Stunde

____

13.00 Uhr – Treffen mit Juliane in der Imbissbude „Paprika"

Anschließend ________________________________

15.00 Uhr – Jonglier-AG interviewen wegen Talentshow

Danach ________________________________

20.00 Uhr – Geburtstagsparty bei Juliane

____

! Nach **Indefinitpronomen** (▷ S. 51), z. B.: „etwas“, „alles“, „nichts“, „viel“, „wenig“, „allerlei“, „genug“, „manches“, werden Adjektive und als Adjektive gebrauchte Partizipien großgeschrieben, z. B.: „*etwas* Neues“, „*nichts* Wichtiges“, „*viel* Überraschendes“.

7 *Entscheide, ob die angegebenen Adjektive und Partizipien klein- oder großgeschrieben werden müssen, und schreibe die passenden Formen in die Lücken.*

Lieber Max, es ist für dich nichts ____________ (neu), dass unsere Eltern im ____________ (allgemein) nicht viel Geld haben. Deshalb müssen wir auch auf viel ____________ (aufregend) im Leben verzichten, etwa die ____________ (neu) Star-Wars-DVD. Auch bei meinen Geburtstagswünschen habe ich auf manches ____________ (nützlich) verzichtet. Am Herzen lag mir besonders das ____________ (groß) Giftspinnenterrarium. Da unsere Eltern als Wohnung nichts ____________ (überzeugend) gefunden haben, muss ich jetzt das Zimmer so lange mit dir teilen, bis ich endlich erwachsen bin und mir dann etwas ____________ (eigen) zum Wohnen leisten kann. Deshalb müssen wir mancherlei ____________ (unangenehm) hinnehmen. Es wird dir einleuchten, dass nur eine klare Trennung des Zimmers helfen wird. Ich warne dich! Es verhieße wenig ____________ (gut), wenn du es wagen solltest, den ____________ (gezeichnet) Kreidestrich zu übertreten, den ich längs durch das Zimmer gezogen habe. Beschwere dich lieber nicht, dass er nicht durch die Zimmermitte geht. Schließlich bin ich zwölf Jahre alt und du erst acht. Und wenn du Dussel schon ____________ (richtig) rechnen könntest, müsstest du wissen, dass 12 zu 8 gleich 3 zu 2 ist und mir deshalb dreimal mehr Platz zusteht als dir. So spricht auch nichts gegen eine ähnlich gerechte Aufteilung unseres Schranks nach unseren Gewichtsunterschieden. Räume schon mal zwei Regale und behellige nicht unsere Eltern, die genug ____________ (ärgerlich) durch dich zu ertragen haben. Alles ____________ (lieb), Philipp, dein großer Bruder.

8 *Max denkt über Philipps Brief nach. Ergänze seine Gedanken, indem du die folgenden Adjektive einträgst. Achte auf die Groß- und Kleinschreibung.*

interessant | *ungerecht* | *frech* | *kleinlich* | *gut*

Der Brief meines Bruders enthält allerlei ____________.

Seine Sätze enthalten viel ____________.

Seine Drohungen verheißen nichts ____________.

Seine Argumentation weist viel ____________ auf.

Seine Haltung beweist etwas ____________.

Es gibt keine Wortart „Zahlwort“. Wörter, die einen Zahlenbegriff ausdrücken, also **Kardinalzahlen** („zwei“, „drei“) und **Ordinalzahlen** („vierter“, „fünfter“), verteilen sich auf die Wortarten Nomen („zwei Millionen“, „ein Viertel“), Pronomen („drei“), Adjektiv („erste“) und Adverb („neunmal“, „erstens“). Außerdem gibt es den **unbestimmten Zahlbegriff,** der durch die Wortart Indefinitpronomen (▷ S. 50) ausgedrückt wird, z. B. „ein paar“, „alle“, „viele“.

TIPP

Üblicherweise schreibt man in Texten die Kardinalzahlen von „eins“ bis „zwölf“ aus, ab 13 schreibt man Ziffern: „*Drei* Mitarbeiter zählten *700* Flusspferde.“

9 *Unterstreiche im folgenden Text alle Zahlenbegriffe und ordne sie passend in die Tabelle.*

Preisverleihung zum Schulwettbewerb

Zum diesjährigen Wettbewerb unserer Schule mit dem Thema „Gewalt – warum?“ wurden insgesamt 45 Arbeiten aus der Jahrgangsstufe fünf bis zehn abgegeben und nur drei aus der Oberstufe. Zwar haben viele literarische Texte gewählt, von einigen kamen aber gestalterische Arbeiten. Davon haben einige Skulpturen angefertigt, andere Bilder gezeichnet. Die Jury erkannte einstimmig der Arbeit von David aus der neunten Klasse den ersten Preis zu, da diese von allen Arbeiten die beeindruckendste war. David hatte schon zweimal am Wettbewerb teilgenommen und diesmal zum ersten Mal einen Preis gewonnen. Nicolette aus der siebten Klasse war die Zweite, Elisabeth aus der sechsten Klasse war die Dritte. Das Preisgeld ging zwar nicht in die Millionen, betrug aber immerhin 300 Euro.

	Kleinschreibung	Großschreibung	Ziffern
Kardinalzahlen	fünf		
Ordinalzahlen			
Unbestimmte Zahlbegriffe			

10 *Schreibe die in Klammern stehenden Ziffern aus. Entscheide, ob Kardinal- oder Ordinalzahl, Groß- oder Kleinschreibung nötig ist.*

Die Jury bestand aus ________ (4) Personen, davon ________ (2) Lehrervertretern, ________ (1) Elternvertreter und ________ (1) Schülerin, die als Einzige eine Aufteilung des Preisgelds folgendermaßen vorschlug: Der oder die ________ (1) des Wettbewerbs sollte ________ (1/3) des Preisgeldes bekommen, der oder die ________ (2) und ________ (3) sollten sich ________ (1/3) teilen bzw. je ________ (2/6) erhalten, und das letzte Drittel sollten die Schüler in der Rangfolge von ________ (4) bis ________ (10) unter sich aufteilen.

!

Eigennamen

Eigennamen sind z. B. Personennamen („Bernd", „Carina"), sie werden **großgeschrieben.**
Bei mehrteiligen Eigennamen mit Bestandteilen, die keine Nomen sind, schreibt man alle Wörter groß. Dies betrifft z. B.:

- geografische Begriffe („das Bergische Land", „das Tote Meer"),
- Namen von Institutionen und Einrichtungen („das Rote Kreuz", „das Europäische Parlament"),
- geschichtliche Ereignisse („der Zweite Weltkrieg", „der Westfälische Friede") und
- besondere Kalendertage („der Heilige Abend", „der Erste Mai").

Herkunftsbezeichnungen

- Herkunftsbezeichnungen mit **Ableitungen auf „-er"** schreibt man **groß**, z. B.: „Italiener", „Belgier", „Wiener Würstchen".
- Herkunftsbezeichnungen mit **Ableitungen auf „-isch"** gehören zur Wortart der Adjektive. Deswegen schreibt man sie **klein**, z. B.: „kanadischer Nationalpark", „rheinische Fröhlichkeit", „italienische Nudeln".
  Sind sie aber Teil eines Eigennamens, schreibt man sie **groß**, z. B.: „Bayerischer Wald".

11 *Welche Wörter passen zusammen? Schreibe die Herkunftsbezeichnungen in die Tabelle. Beachte, dass vier Herkunftsbezeichnungen auf **-isch** Teil eines Namens sind und deshalb großgeschrieben werden.*

	~~Ostfriesland~~	~~Griechenland~~		Seenplatte		Mecklenburg	
Spanien	Geometrie	Bratwürste	Holland	Nürnberg	Analyse	Ozean	Republik
Tortilla	Böhmen	Köln	~~Salat~~	Thüringen	Pazifik	Lübeck	Dörfer
Frankreich	~~Inseln~~	~~Heide~~	Marzipan	Karneval	~~Lüneburg~~	Lebkuchen	Käse

Ableitungen auf -er:	**Ableitungen auf -isch:**
Lüneburger Heide,	*griechischer Salat,*
	Vorsicht, Eigennamen!
	Ostfriesische Inseln,

12 *Suche weitere Herkunftsbezeichnungen auf **-isch** (Landschaften, Meere, Gebirge), die Teil eines Namens sind und deshalb großgeschrieben werden.*

Teste dich! – Groß- und Kleinschreibung

1 *a) Lies den folgenden Text.*

8. 8. 2005:
Russische Soldaten überleben Drama in ihrem U-Boot

dpa – MOSKAU. Die sieben Mann Besatzung (1) eines russischen (2) U-Boots haben die mehr als drei Tage andauernde Gefangenschaft (3) auf dem Grund des Pazifischen Ozeans (4) überlebt. Nachdem ein britischer Tauchroboter die hindernden Seile durchtrennt hatte, tauchte das 13,5 Meter lange U-Boot gestern Morgen (5) an die Wasseroberfläche auf. Den Matrosen gelang das Umsteigen (6) auf ein Rettungsboot aus eigener Kraft.

b) Schreibe zu den mit 1 bis 6 gekennzeichneten Wörtern die Regeln auf, die deren Schreibweise erklären.

(1) ______

(2) ______

(3) ______

(4) ______

(5) ______

(6) ______

2 *a) Streiche im folgenden Textauszug die falschen Buchstaben der gekennzeichneten Wortanfänge durch.*
b) Unterstreiche die Verben und Adjektive, die als Nomen verwendet sind.

Erst im zweiten Anlauf gelang dem B/britischen Tauchroboter das D/durchtrennen der Kabel, in denen sich das R/russische Klein-U-Boot V/vorgestern A/abend verfangen hatte. Nach dem H/heben des Bootes konnte die Besatzung aus eigener Kraft aussteigen. Konteradmiral Pepeljajew teilte mit: „Die Aktion zeigte viel E/erfreuliches, denn wir haben in Taten erlebt, was B/brüderlichkeit bedeutet."

3 *Korrigiere im folgenden Text die fehlerhaften Wörter in der unteren Zeile (siehe Beispiel).*

Der Britische Tauchroboter wurde auf Bitte der Russischen Marine eingeflogen. Auch die USA taten ihr

britische ______

bestes und schickten rettungsausrüstung, die aber nicht mehr zum einsatz kam. Der Marinestab in Moskau

______

betonte: „die Rettung der 7 Matrosen ist im wesentlichen den britischen Spezialisten zu verdanken."

______

Werte deine Ergebnisse aus, indem du deine Antworten mit dem Lösungsheft abgleichst.
Für jede richtige Antwort bekommst du einen Punkt.

☺ ***24–18 Punkte*** *Gut gemacht!*	☺ ***17–12 Punkte*** *Gar nicht schlecht. Schau dir die Merkkästen der Seiten 46 bis 52 noch einmal an.*	☹ ***11–0 Punkte*** *Arbeite die Seiten 46 bis 52 noch einmal sorgfältig durch.*

Getrennt oder zusammenschreiben? Verbindungen mit Verben

! Wenn Wörter in einem Text nebeneinanderstehen und inhaltlich zusammengehören, dann schreibt man sie normalerweise getrennt. Es gibt jedoch einige Fälle, in denen Zusammenschreibung möglich ist.

Verbindungen aus Nomen und Verb werden in der Regel getrennt geschrieben, z. B.: „Auto fahren", „Schlange stehen", „Angst haben".

1 *Viel zu tun: Wähle jeweils eine Person, ein Nomen und ein Verb, die zusammenpassen, und schreibe in einem Satz auf, was die Person machen muss.*

~~der Taxifahrer~~		Staub	machen
das Au-pair-Mädchen		Zähne	putzen
die Haushälterin		Straße	bügeln
die Lehrerin	MUSS	Noten	saugen
der Nachbar		Kinder	hüten
alle		~~Taxi~~	kehren
die Kinder		Wäsche	geben
die Putzhilfe		Hausaufgaben	~~fahren~~

Der Taxifahrer muss Taxi fahren.

! Werden Verbindungen aus Nomen und Verb nominalisiert (▷ S. 47), dann schreibt man beide Wörter zusammen und groß, z. B.: „Auto fahren" – „das Autofahren", „Schlange stehen" – „das Schlangestehen".

2 *Bilde Nominalisierungen aus den folgenden Nomen und Verben. Schreibe sie mit Artikel auf.*

Rad | Zähne | Klavier | putzen | kämmen | Haare | Segel | fliegen | fahren | spielen

!

Verbindungen von Adjektiv und Verb werden **meist getrennt geschrieben**, z. B. „übrig bleiben“, „freundlich tun“, „gut verdienen“, „klar denken“.

Zusammengeschrieben werden Verbindungen von Adjektiv und Verb, wenn durch das Zusammentreten von Adjektiv und Verb eine **neue Gesamtbedeutung** entsteht, z. B.: „richtigstellen“ (= berichtigen), „schwarzfahren“ (= ohne Fahrkarte fahren), „schwerfallen“ (= etwas mit Mühe erledigen).
Eine **Probe** hilft dir zu entscheiden: Wenn Adjektiv und Verb wörtlich genommen einen Sinn ergeben, schreibt man sie getrennt. Dann kann man das Adjektiv auch austauschen: „*schwer* fallen“ (= schmerzhaft stürzen) – „*heftig* fallen“. Ist „schwerfallen“ im Sinne von „etwas mit Mühe erledigen“ gemeint, dann schreibt man zusammen.

3 *Entscheide bei den folgenden Verbindungen aus Adjektiv und Verb, ob sie getrennt oder zusammengeschrieben werden. Trage das Wort in der richtigen Schreibung ein.*

TIPP

Wenn du unsicher bist, schau in einem aktuellen Rechtschreibwörterbuch nach.

Die Schülerinnen und Schüler sollen im Chemieraum alle

Reagenzgläser ______________________. (blank?reiben)

Die Lehrerin fragt, wie lange die Kinder am Tag ______________________. (fern?sehen)

Max überlegt, ob er die Scherze des Englischlehrers ______________________ soll. (ernst?nehmen)

Die Putzkolonne verlangt, dass die Klasse nach der Party ______________________. (gründlich?säubern)

Hausaufgaben sollten nicht ______________________, weil sie lernen helfen. (lästig?fallen)

Mancher Schulranzen ist so schwer, dass man ihn kaum ______________________ kann. (hoch?heben)

Gute Schüler sieht man selten ______________________. (blau?machen)

4 *Entscheide für die folgenden Sätze, in welcher Schreibweise die Verbindung aus Adjektiv und Verb richtig ist. Achte auf die unterschiedlichen Bedeutungen.*

frei?sprechen	gut?schreiben	groß?schreiben

Hinweise zum Stichwort „Referate“:

Niemand wird von der Verpflichtung, mindestens ein Referat im Halbjahr zu halten, ______________________!

– Beim Vortrag am besten ______________________!

Auf der Folie möglichst ______________________!

– Auf korrekte Rechtschreibung achten, z. B. Nomen und Satzanfänge ______________________!

Mit Folienstiften kann man auch auf Plakaten ______________________!

– Gelungene Referate werden dir für die Gesamtnote ______________________!

! **Verbindungen aus zwei Verben** werden **getrennt geschrieben**, z. B.: „laufen lernen", „baden gehen".

Bei **Verbindungen mit „bleiben"** und **„lassen"** als zweitem Bestandteil ist **bei übertragener Bedeutung auch Zusammenschreibung möglich**, z. B.: „sitzen bleiben" und „sitzenbleiben" (= nicht versetzt werden), „stehen lassen" und „stehenlassen" (= sich abwenden).

5 *In den folgenden Sätzen sind die Verben durcheinandergeraten! Streiche den falschen Ausdruck durch und schreibe den richtigen daneben. Achte auf die Getrennt- und Zusammenschreibung.*

Führerschein! Mein Bruder muss jetzt liegen?bleiben. ______________________

Wochenende! Die Arbeit darf heute baden?gehen. ______________________

Hunger! Lass uns schnell etwas liegen?bleiben. ______________________

Hausaufgaben? Bei dem Wetter soll man lieber kleben?bleiben. ______________________

Liebeskummer! Die Dame hat ihn fahren?lernen. ______________________

Schweigen! Das sollten wir essen?gehen. ______________________

Post! Die Briefmarke will nicht ruhen?lassen. ______________________

Aufpassen! Mein Federmäppchen darf nicht sitzen?lassen. ______________________

! **Verbindungen mit „sein"** werden immer getrennt geschrieben, z. B. „da sein", „leid sein", „zurück sein".

6 *Setze den passenden Ausdruck +* ***„sein"*** *ein:*

fertig	leid	da	zurück	zusammen	los	vorbei

„Hallo, Laura, hast du gehört, im Jugendtreff soll heute richtig was ______________. Kannst du um fünf ______________?"

„Hi, Anna ... okay, ich muss aber erst mit den Hausaufgaben ______________. Und meine Ma muss aus der Stadt ______________, damit meine kleine Schwester nicht allein ist."

„Ich würde es ja langsam ______________, immer auf die kleine Göre aufpassen zu müssen!"

„Ach nö, ich find's ganz schön, mit ihr ______________ ______________. Außerdem wird die Aufpasserei bald ______________, wenn sie in den Kindergarten kommt. – Also bis gleich!"

„Tschüss, bis dann!"

!

Verbindungen aus Adverb und Verb oder **Präposition und Verb** werden **zusammengeschrieben,** wenn die Hauptbetonung auf dem Adverb oder der Präposition liegt, z. B. „*ab*warten", „*weiter*sagen", *dabei*sitzen".

Zusammengeschrieben werden auch Verben mit Wortbausteinen wie z. B. „fehl-", „heim-", „preis-", „wahr-", „weis-". Es gibt unter diesen Verbindungen trennbare und untrennbare Zusammensetzungen:

- **Untrennbare Zusammensetzungen** erkennt man daran, dass die Reihenfolge der Bestandteile immer unverändert bleibt, z. B. „vollenden" – „Der Künstler vollendete sein Werk."
- **Trennbare Zusammensetzungen** schreibt man nur im Infinitiv, im Partizip I und II und in Nebensätzen, in denen die Personalform des Verbs am Ende steht, zusammen, z. B. „*ab*stellen" – „Der Wagen wurde *ab*gestellt." – Aber: „Ich stelle den Wagen hier *ab*."

7 *a) Bilde mit den folgenden Verben in der Tabelle jeweils einen kurzen Satz im Präsens und im Perfekt.*
b) Kreuze an, ob es sich um trennbare oder untrennbare Zusammensetzungen handelt.

übernehmen | durchqueren | umwerfen | davonlaufen | durchmachen

~~zusammenbleiben~~ | übereinstimmen | widerspiegeln | widersprechen

Präsens	Perfekt	trennbar	untrennbar
Wir bleiben zusammen.	Wir sind zusammengeblieben.	☒	☐
		☐	☐
		☐	☐
		☐	☐
		☐	☐
		☐	☐
		☐	☐
		☐	☐
		☐	☐

8 *Setze die passenden Verben zusammen und trage sie in die Lücken ein. Achte auf das richtige Tempus.*

statt- | -machen | geben | stand- | -schlagen | fehl- | -halten | heim- | -geben | wett- | -gehen | kund-

Gestern hat der Schulleiter einem dringenden Antrag der Schülervertretung ____________: Wegen der unerträglichen Temperaturen durften alle nach der fünften Stunde ____________. Dies wurde über die Lautsprecheranlage ____________. Solche Anträge waren zuvor zunächst ____________. Aber nun konnte auch die Schulleitung der Hitzebelastung nicht mehr ____________. Der Unterrichtsausfall soll später ____________ werden.

Teste dich! – Getrennt oder zusammen?

1 *Entscheide, ob die markierten Wörter getrennt oder zusammengeschrieben werden. Notiere jeweils die richtige Schreibung unter der markierten Stelle.*

Familiensonntag

Meine Eltern meine beiden Brüder und ich wollen heute, am Sonntag, einmal die ganze Zeit zusammen?sein.

Morgens früh?stücken wir gemeinsam, Papa und Mama dürfen heute nicht Zeitung?lesen! Dann gehen wir in die Kirche Gottesdienst?feiern. Da der Pastor noch ziemlich jung?ist, uns Kinder ernst?nimmt und in der Predigt mit uns frei?spricht und auch Witze?macht, muss man ihn einfach gut?finden. Nach der Kirche wollen Mama und Papa spazieren?gehen, aber wir Kinder möchten lieber Rad?fahren. Bevor wir los?fahren, müssen wir noch Proviant und Badesachen zusammen?packen, damit wir baden?gehen und ein Picknick?machen können. Am See kann man sonnen?baden, Wasser?treten und den Surfern zu?gucken, und auch sonst gibt es viel zu?sehen. Bevor wir heim?fahren, gehen wir noch Eis?essen. Papa und Mama möchten lieber Kaffee?trinken. Als wir zu Hause an?kommen, ist die Sonne schon fast unter?gegangen.

2 *Vorsicht Falle! Kreuze die richtigen Regeln an:*

- ☐ ① Verbindungen von Verben und „sein" werden getrennt geschrieben.
- ☐ ② Verbindungen aus zwei Verben werden immer zusammengeschrieben.
- ☐ ③ Verbindungen aus Adjektiv und Verb können getrennt und zusammengeschrieben werden. Entscheidend ist die Bedeutung der Wortverbindung.
- ☐ ④ Verbindungen aus Adverb und Verb oder Präposition und Verb werden zusammengeschrieben.

Werte deine Ergebnisse aus, indem du deine Antworten mit dem Lösungsheft abgleichst. Für jede richtige Antwort bekommst du einen Punkt.

27–20 Punkte	19–13 Punkte	12–0 Punkte
Gut gemacht!	*Gar nicht schlecht. Schau dir die Merkkästen der Seiten 54 bis 57 noch einmal an.*	*Arbeite die Seiten 54 bis 57 noch einmal sorgfältig durch.*

Fremdwörter

! Fremdwörter sind Wörter aus anderen Sprachen, die in der deutschen Sprache benutzt werden. Sie unterscheiden sich von den deutschen Wörtern meistens in Schreibung und Aussprache, weil sie sich nach den Regeln ihrer Herkunftssprache richten. Fremdwörter erkennt man

- an bestimmten **Suffixen**
  - bei Nomen, z. B.: **-(t)ion** „Konstruktion", **-eur** „Monteur", **-ie** „Industrie", **-age** „Blamage", **-logie** „Philologie";
  - bei Verben, z. B.: **-ieren** „informieren", „diskutieren";
  - bei Adjektiven, z. B.: **-iv** „intensiv", **-(i)ell** „tendenziell", „aktuell";
- an bestimmten **Präfixen**, z. B.: **ob-** „objektiv", **in-** „inoffiziell", **inter-** „interkulturell", **mono-** „monogam", **uni-** „unisono" oder **ex-** „extrem".

1 *Trage die folgenden Fremdwörter an passender Stelle in den Lückentext ein.*

resümiert Aktion konventionell Nationen Teamarbeit Genie
experimentiert Chance digital Thema mobile Laptop-Einheit
kreative Kulturen Kulturen Gymnasium integrieren Collage
Collage interkulturellen Dialogs individuell installiert
präsentieren originellen Foyer

Schulfest im Zeichen des ______________ Austausches

In ______________ entstand auf dem Schulfest am UNESCO-______________ am Samstag eine große ______________ zum ______________: „Viele ______________ – viele ______________". Jeder Besucher des Schulfestes – Schüler, Lehrer, Eltern und Gäste – konnte mit einem ______________ gestalteten Beitrag sich und sein Land bei dieser ______________ ______________. Unterschiedliche ______________ Techniken standen dabei zur Wahl: Es konnte ganz ______________ gezeichnet, gemalt, geklebt werden, aber eine ______________ ______________ bot auch die ______________, Texte zu verfassen, Bilder und Fotos ______________ zu verarbeiten und in das Gesamtkunstwerk zu ______________. Schulleiterin Beringer ______________: „Vor allem die Jugendlichen haben gerade mit diesen technischen Möglichkeiten gerne ______________ und konnten dabei erfahren: Man muss kein künstlerisches ______________ sein, um einen ______________ und interessanten Beitrag zu dieser Form des ______________ zwischen den ______________ zu leisten." Die ______________ wurde zum Abschluss des Festes im ______________ der Schule ______________.

2 *Insbesondere in der Wissenschaft werden viele Fremdwörter benutzt, auch werden die einzelnen Fachbereiche selbst häufig mit einem Fremdwort bezeichnet. Häufig enden diese Bezeichnungen auf* ***-ik*** *oder* ***-logie****.*
a) Verbinde die folgenden Wortelemente mit den Endungen -ik oder -logie und bilde das passende Adjektiv dazu.
b) Was bedeuten die Bezeichnungen? Schlage im Fremdwörterbuch nach.

Phys- Techn- Zoo- Mus- Mechan- Akust- Öko- Informat- Opt- Bio- Genet-

Nomen	Adjektiv	Bedeutung

Noten als Schlüssel für eine Geheimschrift!

3 *Jeder Note und jedem Notenzeichen ist ein Buchstabe zugeordnet! Ergänze im Beispielwort die fehlenden Buchstaben und entschlüssle die anderen Wörter.*

HINWEIS: *Diese Notenschrift hat NICHTS mit der Notenschrift zu tun, die du aus dem Musikunterricht kennst.*

Aus der Mathematik

4 *a) Trage die passenden Fachbegriffe ein.*

Nomen	Verb		Bezeichnung für das Ergebnis
A ______	/ addieren ______	: 48 + 24 = ____ →	______
S ______	/ s ______	: 48 - 24 = ____ →	Differenz
M ______	/ m ______	: 48 x 24 = ____ →	______
D ______	/ d ______	: 48 : 24 = ____ →	______

b) Manche der mathematischen Fachbegriffe werden auch in anderen Zusammenhängen verwendet. Setze jeweils den passenden Begriff ein.

Die ______________ ihrer mehrtägigen Projektarbeit präsentierten die Klassen am Tag der offenen Tür. Die Einnahmen aus den verschiedenen Aktionen an diesem Tag ______________ sich zu einer ______________ in Höhe von 800 Euro. Allerdings gab es später ______________ zwischen verschiedenen Schülervertretern, was mit den Einnahmen zu machen sei.

c) Wenn du die Wörter in Spiegelschrift entziffert hast, kannst du sie in der richtigen Schreibung notieren.

EIRTEMOEG Geometrie

ZEPART ______________

TARDAUQ ______________

EDIMARYP ______________

EIRTEMMYS ______________

MMARGOLELLARAP ______________

METSYSNETANIDROOK ______________

NOITALUKLAKNELLEBAT ______________

NOITAREPONEHCER ______________

NOITALER ______________

ETNEGNAT ______________

ELBAIRAV ______________

ZNETOP ______________

LEBARAP ______________

Silbentrennung

!

- Mehrsilbige Wörter trennt man nach Sprechsilben, z. B.: „Ma-sern“, „tra-gen“.
- Bei zwei oder mehr Konsonanten an der Silbengrenze kommt nur der letzte Konsonant in die neue Zeile z. B.: „lus-tig“, „Rit-ter“, „Fin-ger“.
- Die Buchstabengruppen **ck, ch, sch** bleiben immer zusammen, z. B.: „Zu-cker“, „Ku-chen“, „Ma-sche“.
- Ein einzelner Vokal wird nicht abgetrennt, z. B.: „Igel“, „Kleie“, „Bio-müll“. Aber: „Au-ge“.

1 *Ordne die folgenden Wörter den Silbenmustern zu und schreibe sie – nach Silben getrennt – unter das Muster:*

opfern	impfen	Ader	Ende	Elend	Apfel	Straße	ernste
reißen	dicker	Igel	Auto	Acker	nähern	Ritze	über
Dose	Boxer	lesen	Katzen	Wiese	Schuhe	Wespe	Abend

□□□□

□□-□□

□□□-□□

□□□□□

□□-□□□

□□□□-□□

□□-□□□□

□□□-□□□

!

Zusammengesetzte Wörter, z. B. „Sand-burg“, und Wörter mit Präfix oder Suffix werden nach ihren Bestandteilen getrennt, z. B. „Ver-fol-gung“, „Fremd-heit“. Innerhalb der einzelnen Wörter einer Zusammensetzung gilt die Trennung nach Sprechsilben, z. B. „Mut-pro-be“, „Was-ser-spie-le“.

2 *Aus den folgenden Wörtern und Präfixen kannst du jeweils verschiedene Wörter zusammensetzen. Bilde sie im Singular und (wo möglich) im Plural mit allen möglichen Trennungen. Notiere hier nur Stichworte. Schreibe im Heft.*

Haupt — Sicht

Rück — Stadt

Teste dich! – Fremdwörter und Silbentrennung

1 *a) Welche der folgenden Endungen sind typische Fremdwort-Endungen?*

☐ -logie	☐ -heit	☐ -en	☐ -ion	☐ -iv
☐ -isch	☐ -ieren	☐ -schaft	☐ -ik	☐ -ie

b) Bilde zu jeder Fremdwort-Endung drei Beispiele mit Hilfe der folgenden Wortelemente:

stud- Lekt- Chem- Stat- objekt- Psycho- Revolut- Rhetor- garn- Fantas-
informat- Grammat- Termino- marsch- Fotograf- argumentat- Archäo- Industr-

c) Markiere in den vorangegangenen Fremdwörtern die mögliche Silbentrennung durch senkrechte Trennstriche.

2 *Schreibe die Wörter aus den vier Wörterschlangen nach Silben getrennt auf:*

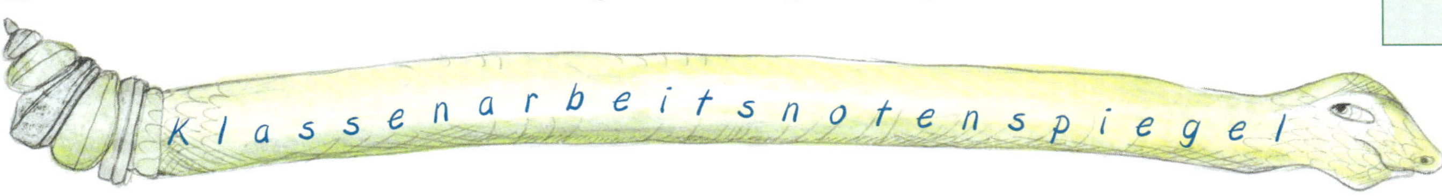

Werte deine Ergebnisse aus, indem du deine Antworten mit dem Lösungsheft abgleichst.
Für jede richtige Antwort bekommst du einen Punkt.

☺ ***45–35 Punkte*** *Gut gemacht!*	☺ ***34–24 Punkte*** *Gar nicht schlecht. Schau dir die Merkkästen der Seiten 59 bis 62 noch einmal an.*	☹ ***23–0 Punkte*** *Arbeite die Seiten 59 bis 22 noch einmal sorgfältig durch.*

Kurze Vokale

!
- Nach **betonten kurzen Vokalen** folgen meist **zwei Konsonanten,** z. B.: „To**pf**", „Ba**nd**", „mu**rm**eln".
- Hörst du nur einen Konsonanten, wird er beim Schreiben **verdoppelt,** z. B.: „kla**pp**ern", „Ste**ll**e", „bi**ss**ig".
- Achtung: Statt verdoppeltem **k** schreibt man **ck,** z. B.: „We**ck**er", „Tri**ck**", „He**ck**e".
- Statt verdoppeltem **z** schreibt man **tz,** z. B.: „Hi**tz**e", „Matra**tz**e", „Schni**tz**el".

1 *a) Lies das Gedicht.*

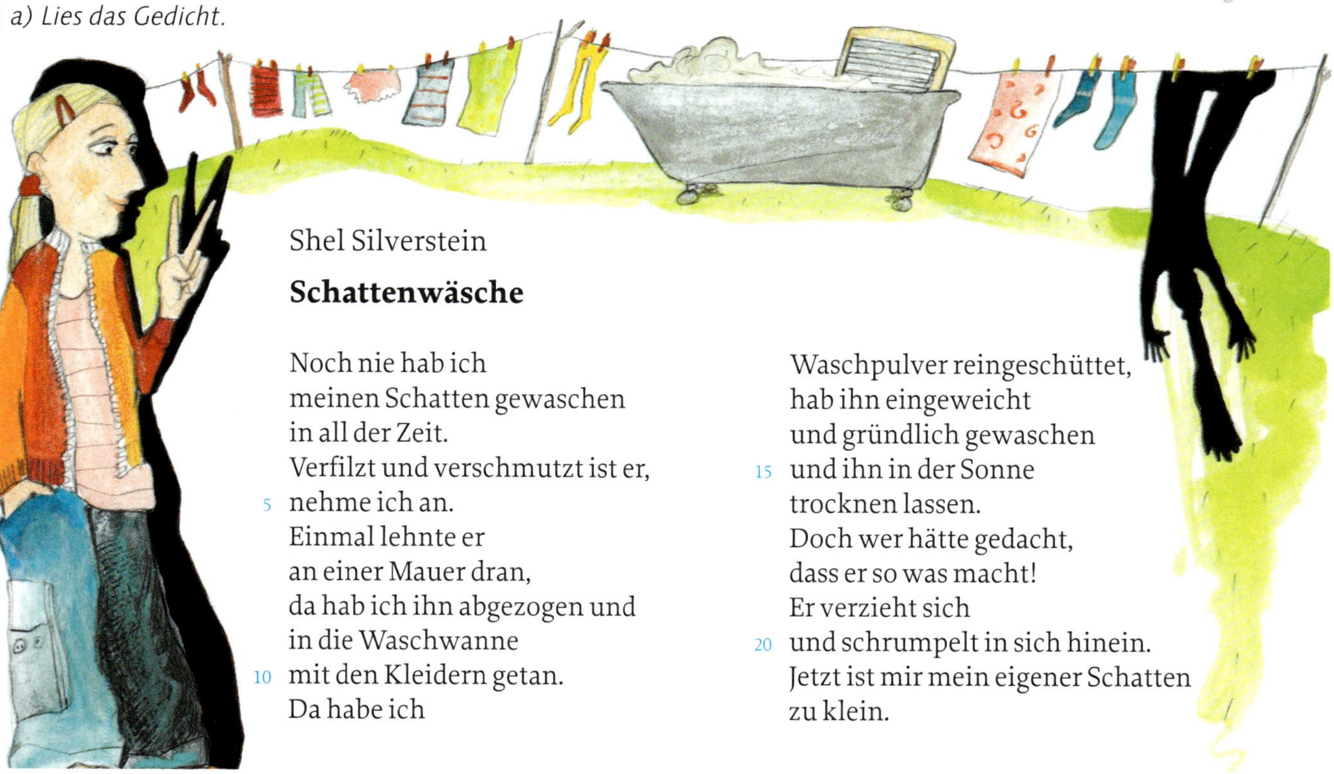

Shel Silverstein

Schattenwäsche

Noch nie hab ich
meinen Schatten gewaschen
in all der Zeit.
Verfilzt und verschmutzt ist er,
nehme ich an.
Einmal lehnte er
an einer Mauer dran,
da hab ich ihn abgezogen und
in die Waschwanne
mit den Kleidern getan.
Da habe ich
Waschpulver reingeschüttet,
hab ihn eingeweicht
und gründlich gewaschen
und ihn in der Sonne
trocknen lassen.
Doch wer hätte gedacht,
dass er so was macht!
Er verzieht sich
und schrumpelt in sich hinein.
Jetzt ist mir mein eigener Schatten
zu klein.

b) Trage geeignete Wörter aus dem Gedicht in die folgende Tabelle ein. (Einige häufige Kurzwörter, wie z. B. „in", lassen sich nicht einordnen.) Einige Wörter lassen sich mehreren Spalten zuordnen.
c) Umkreise bei den Wörtern in der Tabelle den kurzen Vokal farbig.

Wörter mit zwei oder mehr verschiedenen Konsonanten nach betontem kurzem Vokal	ich,
Wörter mit „ch" nach betontem kurzem Vokal	noch,
Wörter mit „sch" nach betontem kurzem Vokal	Schattenwäsche,
Sonderformen tz/ck nach betontem kurzem Vokal	verschmitzt,
Wörter mit verdoppeltem Konsonanten nach betontem kurzem Vokal	Schattenwäsche,

2 *a) Bilde aus den folgenden Nomen zusammengesetzte Wörter und schreibe diese auf.*
Achtung: Bei einigen Wörtern müssen drei Konsonanten hintereinandergeschrieben werden.
b) Umkreise die kurzen Vokale.

~~Schiff~~	Strich	Stoff	Blatt
Mett	Tänzer	Ziffer	Transporter
Ballett	Fetzen	Schluss	Schüssel
Schutt	Flasche	Müll	Wurst
Kompott	~~Fracht~~	Sauerstoff	Sack

Schifffracht, ___

___

___

___

3 *Fülle die Lücken. Entscheide, ob die Konsonanten verdoppelt werden müssen oder ob* ***tz*** *oder* ***ck*** *richtig ist.*

Eine Stunde vor der Kla___enarbeit

Marcel und Vane___a sitzen mü___isch im Geschichtsunterricht. Obwohl sie gestern den gan___en Nachmi___ag gea___ert haben, sind sie nervös, denn gleich so___ eine Englischarbeit geschrieben werden. Sie haben sich beim Lernen ein halbes Du___end Eselsbrü___en gebildet, die es nun noch rasch zu wiederholen gi___t. Aber wie ka___ man sich hier konzentrieren, we___ die anderen Mitschüler vor lauter Ba___el Merkwürdiges tun. Tina i___t mi___en in der Stu___de zur Stärkung ihr Bu___erbrot und schma___t dabei so laut, dass selbst der auf die Bank tro___elnde Frank sich empört umdreht. Julia wi___ unter der Bank noch schne___ einen großen Schlu___ aus ihrer Colaflasche nehmen. Bei der Geräuschkuli___e pla___t Herrn Neuma___ fa___t der Kragen. Er ro___t mit den Augen, knu___t böse und zieht es vor, frühzeitig den Unterricht zu beenden, was den Intere___en der Schüler sehr entgegenko___t.

TIPP

Bei vielen **Fremdwörtern** steht nach kurzem betonten Vokal ein einfaches **k**, z. B.: „He**k**tik", „Inse**k**t", manchmal auch **kk** mit nachfolgendem Vokal, z. B.: „A**kk**ord", „Sa**kk**o". Wenn du unsicher bist, schlage im Rechtschreibwörterbuch nach!

☆ **4** *Hier werden Fremdwörter gesucht: Achte auf k oder kk. In dem farbig unterlegten Feld ergibt sich von oben nach unten gelesen ein neues Wort mit kk.*

1. starkes Kaffeegetränk
2. ein Fall in der Grammatik
3. Küchenschabe
4. gemeinsam, gemeinschaftlich
5. Musikinstrument
6. sportliche Höchstleistung
7. Monat im Herbst
8. Obstsorte
9. funktionstüchtig

Lange Vokale

!

Die meisten **betonten langen Vokale a, e, o, u** sowie die Umlaute **ä, ö** und **ü** schreibt man mit einfachem Buchstaben, z. B. „Name", „lesen", „Mode", „böse".

Bei einer kleineren Gruppe von Wörtern aber folgt nach dem betonten langen Vokal ein **h.**
Das h erscheint sehr oft – aber nicht immer! – in den Verbindungen „hl", „hm", „hn", „hr" und bleibt auch in den verwandten Wörtern erhalten, z. B.: „W**ahl**" – „w**ähl**en", „Le**hm**" – „le**hm**ig", „Hu**hn**" – „Hü**hn**er", „le**hr**en' – „Le**hr**er".

1 *Auf der Mauer stehen Wörter mit langem Vokal – mit und ohne **h**. Trage sie in die nachfolgende Tabelle ein.*

hl	hm	hn	hr	langer Vokal
Zahl	Ruhm	ihnen	Fähre	Erleben

2 *Ergänze die fehlenden Buchstaben.*

Ein köstlicher Nachtisch – einfach und schnell hergestellt

Eine halbe Tafel Sch___k___lade muss zunächst mit 25 Gramm K___k___sfett erwärmt werden, bis sie sich glatt r___ren lässt. Dann muss man m___rere B___n___nen sch___len, die dann in Stücke geteilt werden. Man n___me anschließend eine Porzell___nschüssel, in die man einen halben Liter Milch und Puddingpulver mit B___n___nengeschmack gibt. Mit dem Schneeb___sen muss man dann eine s___nige Cr___me r___ren, die man l___genweise mit den Früchten und der Sch___k___ladens___ße in Gl___ssch___len füllt und kalt stellt.

Guten Appetit!

3 *Ergänze die jeweiligen Verbformen und abgeleiteten Nomen.*
*Beachte: In fast allen Wortfamilien bleibt das **h** erhalten.*

Verben/Adjektive	Nomen	Verben/Adjektive	Nomen
wahr	die Wahrheit	strahlen	___
einführen	___	vermählen	___
zahm	___	___	die Kühlung
___	die Verjährung	sehnen	___
sühnen	___	___	der Wahn
rühren	___	hohl	___
___	die Erfahrung	___	das Gefühl
___	die Wahl	belohnen	___
sahnig	___	fahren	___
___	die Kühle	___	die Frühe
wühlen	___	___	die Naht
rühmen	___	erzählen	___
___	das Mehl	___	der Befehl

!

Bei einigen Wörtern wird der betonte lange Vokal **a, e, o** durch Doppelvokal gekennzeichnet, z. B.: „Meer", „Saal", „Boot".
Bei manchen Ableitungen entsteht aus dem Doppelvokal ein einfacher Umlaut, z. B. „Haar" – „Härchen", „Saal" – „Säle".

4 *Ergänze die folgenden Sätze, die Bilder geben dir Ideen für die passenden Wörter. Achte beim Einsetzen auf die grammatisch richtige Form.*

Ohne ______________ nix los

Der Vergleich der beiden Personen ist an den ______________ herbeigezogen.

Die beiden Kinder wurden später ein verliebtes ______________.

Die Welt ist klein, wir sitzen alle in einem ______________.

Die Zuschauer lobten die Theateraufführung über den grünen ______________.

In der nächsten Woche ist der Inhalt der Zeitung längst ______________ von gestern.

Alle Flüsse fließen ins ______________.

Er legte jedes Wort auf die Gold______________.

5 *Ergänze die fehlenden Buchstaben. Entscheide, ob das Wort mit einfachem Vokal, Doppelvokal oder mit* ***h*** *geschrieben wird. Schlage bei Unsicherheiten im Rechtschreibwörterbuch nach.*

Das S_e_gelb____t kreuzte quer durch das Mittelm____r. Gerade hatte der M____t ein köstliches M____l serviert und jetzt b____t er nur z____gernd Getränke an. „Wenn ihr Kaff____ wollt, muss ich zuerst B____nen m____len und Bier haben wir keines m____r. Alle Weinfässer sind außerdem l____r." „Ist das w____r?", rief der Kapit____n qu____r durch den Speises____l. „Dann bringe uns zweim____l T____ und vierm____l B____rensaft." „ Es ist mir eine L____re", beteuerte der M____t, „beim nächsten Landgang n____me ich dreim____l m____r W____re an Bord!"

Langes i

!

- Das **lang gesprochene i** wird fast immer **ie** geschrieben, z. B. „R**ie**se", „W**ie**se".
- Nur in einigen Kurzwörtern, z. B. „**wir**", „**dir**", „**mir**", und in Fremdwörtern wird das **lange i** mit **einfachem i** geschrieben, z. B. „Klima".

1 *Suche den kürzesten Weg vom oberen Wort zum unteren. Von Wort zu Wort wird nur ein Buchstabe verändert.*

Z	I	E	R	E	N	↓	SCH	I	E	B	E	N	↓	W	I	E	G	E	N
						↓							↓						
						↓							↓						
SCH	I	E	L	E	N	↓	B	I	E	G	E	N	↓	ST	I	E	R	E	N

2 *Bei vielen Fremdwörtern enden die Verben auf* ***-ieren*** *(▷ S. 59), z. B. „exportieren". Auch das lang gesprochene* ***i*** *am Ende von Fremdwörtern wird meist mit* ***ie*** *geschrieben, z. B. „Regierung".*

	Nomen	Verb
Sprengung	die Explosion	explodieren
Tonkunst	die M	
Widerspruch	der P	
Gerichtsverhandlung	der P	
Fernsprecher	das T	

3 *Das lang gesprochene i in Fremdwörtern wird mit* ***einfachem i*** *geschrieben. Löse das Rätsel.*

1. Darstellung einer Szene mit Gebärden
2. Flugzeugführer
3. geometrisches Gebilde
4. Heilmittel, Arznei
5. Geige
6. Tochter von Bruder oder Schwester eines Elternteils
7. Krankenhaus
8. Fertigkeit, Erfahrenheit
9. festgesetzter Zeitpunkt

Das Lösungswort bezeichnet eine Südfrucht.

TIPP

Bei den Wörtern **„wieder"** und **„wider"** ist die Bedeutung für die Schreibweise ausschlaggebend:
- Ist die Bedeutung **„noch einmal"** oder **„zurück"** gemeint, schreibst du mit **ie**, z. B. „wiedersehen", „wieder herrichten".
- Wider im Sinne von **„gegen"** schreibst du mit **i**, z. B. „Widerstand", „widerstreben".

4 *Ersetze in den folgenden Sätzen die Umschreibungen durch eines der angebotenen Wörter.*

Widerspruch | widerstreben | widerspenstig | wider besseres Wissen | widerrufen | wieder tun | Widerstand | widersprechen | wiederum | wiederholen | Wiederholung | widerrechtlich

1. Der Angeklagte hat seine polizeiliche Aussage vor Gericht ____________ (zurückgenommen).
2. Er war ____________ (gegen das Gesetz) mit 60 Stundenkilometern durch die geschlossene Ortschaft gefahren.
3. Der Richter sagte, er solle doch seine polizeiliche Aussage ____________ (noch einmal machen).
4. ____________ (Obwohl er es besser wusste) behauptete der Angeklagte nun, die Begrenzung der Geschwindigkeit sei ihm unbekannt gewesen.
5. Sein Anwalt sagte ihm, er solle nicht so ____________ (bockig) sein, sondern zur Wahrheit zurückkommen.
6. Der Angeklagte ____________ (entgegnete): „Es ____________ (passt mir nicht) mir, ____________ (noch einmal) zu meiner ersten Aussage zurückzukommen.
7. Es gelang dem Anwalt aber, ____________ (die Gegenwehr) zu brechen und ihn zu einer ____________ (erneuten Bekundung) der ersten Aussage zu bringen.
8. Der Richter war danach bereit, Milde walten zu lassen, und stellte gegen ____________ (den Protest) der Staatsanwaltschaft das Verfahren ein.
9. Er ermahnte jedoch den Verkehrssünder mit den Worten, er solle solch einen Unsinn niemals ____________ (erneut machen).

s–Laute

!

- Das **stimmlose s** schreibt man
  - nach kurzem Vokal fast immer **ss**, z. B.: „Wissen“;
  - nach langem Vokal oder Diphthong (Doppellaut: ei, au) **ß**, z. B.: „Straße“, „heißen“, „außen“;
  - mit einfachem **s**, wenn es bei Verlängerungen stimmhaft wird, z. B.: „Gras – Gräser“.
- Das **stimmhafte s** schreibt man immer s, z. B.: „Nase“, „sicher“.

Um den stimmlosen s-Laut vom stimmhaften sicher unterscheiden zu können, kannst du die Finger an deinen Kehlkopf legen. Beim stimmhaften **s** spürst du eine Schwingung im Finger, beim stimmlosen **s** nicht.

1 *a) Ergänze folgende Regel:*

Schreibe einfaches s, wenn ______

*b) Bilde für die folgenden Wörter Ableitungen oder Verlängerungen und entscheide, ob **ß** oder einfaches **s** richtig ist.*

Krei___	Kreise	Hau___schlüssel	Häuser
Fu___		Gra___büschel	
Grei___		Spa___vogel	
Flo___		Prei___schild	
Gan___		Lo___verkäufer	
Strau___		Fu___stapfen	

2 *a) Unterstreiche in den folgenden Sätzen die Wörter mit s-Laut.*
b) Trage sie in die nachfolgende Tabelle ein.

Verführerischer Schokoladengenuss. Ein Naschvergnügen für Groß und Klein. Lassen Sie sich doch mal verwöhnen. Im Schlussverkauf zählt nur noch Sparen. Alles ist preiswerter. Die Gesundheit muss Ihnen die Mühe wert sein. Die Sonne sorglos genießen. Wasser, Strand und gute Laune. Doppelter Spaß für die Hälfte des Geldes.

ss	ß	stimmloses s	stimmhaftes s
Schokoladengenuss,			

3 *Trage die richtigen Verbformen in die Tabelle ein.*

Infinitiv	Präsens Singular	Präteritum Singular	Nomen
rei ß en	er reißt	sie riss	der Riss
mü___en	sie ___	er ___	das ___
wi___en	er ___	sie ___	das ___
schie___en	sie ___	er ___	der ___
e___en	er ___	sie ___	das ___
ha___en	sie ___	er ___	der ___
gie___en	er ___	sie ___	der ___
flie___en	sie ___	er ___	der ___
sto___en	er ___	sie ___	der ___
schlie___en	sie ___	er ___	der ___
fa___en	er ___	sie ___	das ___
erla___en	sie ___	er ___	der ___

4 *Trage in den folgenden Lückentext jeweils den richtigen s-Laut ein:* ***s, ss*** *oder* ***ß.***
Bilde zur Hilfe Ableitungen oder Verlängerungen und überprüfe die Länge der Vokale.
Schlage im Rechtschreibwörterbuch nach, wenn du trotzdem unsicher bist.

Bergtour endet fa___t in einer Katastrophe

Zwanzig Jugendliche waren am Sam___tag zu einer Bergtour auf die Wa___erkuppe aufgebrochen. Obwohl schlechtes Wetter vorherge___agt war, zog die Gruppe nur mit leichter Wanderkleidung lo___. Nachmittags wurde sie dann von schweren Gewitterstürmen überrascht, die zur Orientierungslosigkeit der Jugendlichen führten. Sie erlebten ei___ige Kälte, fa___t orkanartige Winde und einen Himmel, der alle Schleu___en geöffnet hatte. Die Gruppe war durchgefroren und durchnä___t und suchte verzweifelt nach Schutz. Kurz vor der ersten Pa___höhe fand sie schlie___lich einen Viehunterstand. Glücklicherwei___e hatte dort auch ein Schäfer mit seiner Herde Unterschlupf gefunden, und dieser wu___te den richtigen Weg zurück ins Tal. Er wie___ die Gruppe aber darauf hin, das Ende des Sturmes unbedingt abzuwarten, damit sie sich nicht wieder verlaufe. Als dann die Wolkendecke endlich aufri___, begleitete der Schäfer die Wanderer, die sich so fahrlä___ig in Gefahr begeben hatten, bis zur nächsten Stra___enkreuzung und organi___ierte ein Großraumtaxi, da___ sie dort abholte.

!

das oder dass ?

- Das Wort **das** wird mit **s** geschrieben, wenn es im Satz als Artikel („*das* Buch"), Demonstrativpronomen („*dieses* Buch") oder Relativpronomen („... das Buch, *das* du mir geschenkt hast") steht. Das Relativpronomen „das" wird häufig verwechselt mit der Konjunktion „dass". Um zu prüfen, ob es sich um ein Relativpronomen handelt, kann man versuchen, es durch *welches* zu ersetzen (▷ S. 31, Ersatzprobe).
- Das Wort **dass** ist eine Konjunktion und leitet meist einen Inhaltssatz (▷ S. 38) ein. Es kann **nicht** ersetzt werden: „Er ist traurig, *dass* du nicht kommst."

5 *Bestimme, ob es sich im folgenden Text um einen Artikel (A), ein Demonstrativpronomen (D) oder um ein Relativpronomen (R) handelt.*

Erste Liebe

Das (______) ist das (______) nette Mädchen, in das (______) sich Karsten angeblich verliebt hat. Er hat mir das (______) jedenfalls im Vertrauen erzählt. Das (______) Mädchen weiß wohl schon von seinem Glück, obwohl es sich das (______) nicht anmerken lässt. Karsten hat auch schon ein cooles Geschenk gekauft, das (______) er nun voller Stolz in eine kleine Kiste eingepackt hat. Das (______) Geld, das (______) er für die kleine Überraschung benötigte, hatte er zwar nicht ganz flüssig, aber da ihm seine jüngere Schwester aushalf, ließ sich das (______) alles machen. Ist das (______) alles aufregend!

6 *Entscheide für die folgenden Sätze, ob es sich um das Relativ- oder das Demonstrativpronomen „das" oder um die Konjunktion „dass" handelt. Führe die Ersatzprobe durch.*

Da______ das möglich ist!

Die Schülerinnen und Schüler der Klasse 7c wollten das erste Wochenende, da______ es im Mai gab, gemeinsam in der Eifel verbringen. Da______ es im Mai sein sollte, hatten sie mit ihrem Klassenlehrer, Herrn Meurer, bereits vor den Weihnachtsferien beschlossen. Dieses Mal würde das Zusammensein, da______ als Selbstversorgerprojekt geplant war, vermutlich zu einer echten Herausforderung werden. Darauf deutete auch hin, da______ der Ausflug sie alle in die tiefste Eifel führen würde.

Da______ die Planung schon so viele Überlegungen, aber auch Spaß mit sich bringen würde, da______ hätte niemand vorher erwartet. Alle waren sich einig, da______ angefangen vom Einkaufen bis hin zum Spülen alles gemeinsam gemacht werden sollte. Da______ würde nicht immer ohne Konflikte über die Bühne gehen. Doch alle waren sicher, da______ das gemeinsame Tun letztendlich die Klassengemeinschaft stärken würde. Somit beschloss die Klasse, da______ sie das Unternehmen im nächsten Jahr gern wiederholen würde, sofern es diesmal gelänge.

Teste dich! – Kurze und lange Vokale, langes i und s-Laute

1 *In der Fabel von James Thurber fehlen Buchstaben. Setze sie ein, indem du die Regeln zum kurzen (▷ S. 64) und zum langen Vokal (▷ S. 66) und zu den s-Lauten (▷ S. 71) anwendest.*

James Thurber

Der Fuchs und der R___a___be

Der Anbli______ eines R______ben, der auf einem Baum sa______, und der Geruch des Kä______es, den er im Schn______bel hatte, err______gten die Aufmerksa______keit eines Fuchses. „Wenn du ______benso sch______n singst, wie du auss______st“, sagte er, „dann bist du der beste Sänger, den ich je ersp______t und gewi______ert habe.“ Der Fuchs hatte irgendwo ge______sen – und nicht nur einmal, sondern bei den versch______densten Dichtern –, da______ ein Rabe mit Käse im Schn______bel sofort den Käse fa______en lä______t und zu singen begi______t, wenn ma______ seine Stimme l______bt. Für diesen besonderen Fa______ und diesen besonderen Raben traf das jedoch nicht zu.

2 *Unterstreiche in der Fortsetzung alle kurzen Vokale, auf die eine Konsonantenverdoppelung oder **ck** oder **tz** folgt.*

„Man nennt dich schlau, und man nennt dich verrückt“, sagte der Rabe, nachdem er den Käse vorsichtig mit den Krallen seines rechten Fußes aus dem Schnabel genommen hatte. „Aber mir scheint, du bist zu allem Überfluss auch noch kurzsichtig. Singvögel tragen bunte Hüte und farbenprächtige Jacken und helle Westen, und von ihnen gehen zwölf aufs Dutzend. Ich dagegen trage Schwarz und bin absolut einmalig.“

„Ganz gewiss bist du einmalig“, erwiderte der Fuchs, der zwar schlau, aber weder verrückt noch kurzsichtig war. „Bei näherer Betrachtung erkenne ich in dir den berühmtesten und talentiertesten aller Vögel, und ich würde dich gar zu gern von dir erzählen hören. Leider bin ich hungrig und kann mich daher nicht länger hier aufhalten.“

3 *Im letzten Teil der Fabel häufen sich Rechtschreibfehler. Unterstreiche die falsch geschriebenen Wörter im Text und verbessere sie in der Randspalte.*

„Bleib doch ein Weilchen“, baht der Rabe. „Ich gebe dier auch etwas von meinem Esen ab.“ Damit warf er dem listigen Fuchs den Löhwenanteil vom Käse zu und fing an, von sich zu erzälen. „Ich bin der Helld vieler Märchen und Sahgen“, pralte er, „und ich gelte als Vogel der Weißheit. Ich bin der Pionir der Luftfart, alle Wisenschaftler und Geleerten wissen, dass meine Fluglienie die kürzeste Entfernung zwischen zwei Punkten ist. Zwischen belibigen zwei Punkten“, fügte er stolz hinzu.
„Oh, zweifellos zwischen allen Punkten“, sagte der Fuchs höflich. „Und vielen Dank für das Opfer, das du gebracht, indem du mir den Löhwenanteil vermacht hast.“ Gesätigt lief er davon, während der hungrige Rabe einsam und verlassen auf dem Baum zurückblib.
Moral: Wenn du dich selbst lobst, klingt's erst richtig schön.

Werte deine Ergebnisse aus, indem du deine Antworten mit dem Lösungsheft abgleichst. Für jede richtige Antwort bekommst du einen Punkt.

☺ ***56–43 Punkte*** *Gut gemacht!*

☺ ***42–28 Punkte*** *Gar nicht schlecht. Schau dir die Merkkästen der Seiten 64 bis 73 noch einmal an.*

☹ ***27–0 Punkte*** *Arbeite die Seiten 64 bis 73 noch einmal sorgfältig durch.*

Sachtexte lesen und verstehen

Wenn du aus einem Sachtext Informationen ermitteln willst, musst du
- das **Thema** erfassen und **Fragen** an den Text stellen,
- **Schlüsselwörter,** die die wichtigsten Antworten enthalten, finden und markieren,
- **Fach- und Fremdwörter** klären, indem du die Bedeutung aus dem Kontext, dem Zusammenhang, erschließt oder im Wörterbuch nachschlägst,
- **Sinnabschnitte,** die häufig – aber nicht immer – mit Absätzen übereinstimmen, erkennen und in möglichst knappen Stichwörtern oder Überschriften zusammenfassen.

1 *Lies den folgenden Lexikonartikel. Formuliere für die Sinnabschnitte knappe Überschriften.*

Huygens, Christiaan: niederländischer Astronom, Physiker und Mathematiker (1629–1695).
Er entdeckte 1655 mit einem selbstgebauten Fernrohr den Saturnmond Titan, die Saturnringe und den Orionnebel; 1657 erfand er die Pendeluhr und 1675 Taschenuhren mit Spiralfedern und Unruh. Außerdem untersuchte er die Gesetze des Stoßes und der Zentralbewegung (1669).
1663 wurde Huygens als erster ausländischer Wissenschaftler Mitglied der Britischen Royal Society; 1666 ging er als erster Direktor der Französischen Akademie der Wissenschaften nach Paris. 15 Jahre später kehrte er nach Holland zurück.
Sein Hauptwerk „Die Pendeluhr" über Theorien des Pendels, der Zentralbewegung und der Zentrifugalkraft erschien 1673. Im Jahr 1690 veröffentlichte er seine Wellentheorie des Lichts.

Beruflicher Werdegang

2 *Lies den folgenden Text aufmerksam:*
a) Verschaffe dir beim ersten, überfliegenden Lesen einen Überblick über das Thema.
b) Formuliere in deinem Heft Fragen, die du an den Text hast, z. B.: 1. Wann lebte Cassini? 2. ...
c) Markiere beim zweiten, gründlichen Lesen Schlüsselwörter, die Antworten auf deine Fragen geben, und unterteile den Text in Sinnabschnitte, indem du knappe Überschriften am Rand notierst.

Giovanni Domenico Cassini (geboren am 8.6.1625 in Perinaldo nahe Nizza, gestorben am 14.9.1712 in Paris) war zwar italienischer Herkunft, gilt aber als französischer Astronom und Mathematiker, da er hauptsächlich in Paris lebte und arbeitete.
Der Wissenschaftler übernahm im Jahr 1650 eine Professur für Mathematik und Astronomie an der Universität von Bologna. Astronomie vermittelte er nach der geozentrischen Theorie, das heißt, er ging davon aus, dass sich die Sonne und alle bekannten Planeten um die Erde drehen. Dies entsprach seinerzeit auch den Vorstellungen der katholischen Kirche.
In Bologna baute er den Turm einer Kirche zu einer Sternwarte aus und beobachtete von dort aus vor allem Kometen. Er berechnete die Rotationsdauer von Jupiter, Venus, Mars und untersuchte die Oberflächen der Planeten genauer. So entdeckte er die Abplattung des Jupiters und die Polkappen des Mars.
1669 wurde er von König Ludwig XIV. von Frankreich, dem so genannten Sonnenkönig, zum Mitglied der 1666 gegründeten Akademie der Wissenschaften nach Paris berufen. Er verlegte seinen Wohnsitz dorthin und gab sich den französischen Vornamen Jean-Dominique.

1670 übernahm Cassini die Stelle des Direktors der gerade entstandenen Pariser Sternwarte.

Dort entdeckte er 1671 einen neuen, hauptsächlich aus Eis bestehenden Mond des Saturns, Iapetus. Ein Jahr später folgte ein weiterer, Rhea. Mit diesen Entdeckungen waren damals sechs Planeten des Sonnensystems mit insgesamt acht Monden bekannt. Cassini deutete die 14 Himmelskörper als eine Verherrlichung des Sonnenkönigs Ludwig XIV. In seiner Zeit als Direktor der Pariser Sternwarte beobachtete Cassini 1675 eine Lücke im Ring des Saturns, die etwa 4450 Kilometer breite, nach ihm benannte Cassini-Teilung. Außerdem beschrieb er 1683 das Zodiakallicht, eine Himmelsaufhellung durch reflektierendes Sonnenlicht im Staub zwischen den Planeten.

Man vermutet heute, dass der Forscher aus Verehrung für seinen königlichen Arbeitgeber lange verschwieg, dass er inzwischen noch zwei weitere Saturnmonde entdeckt hatte, nämlich Dione und Tethys. Erst im Jahr 1684 gab er diese Entdeckung bekannt.

3 *Worin bestehen die Unterschiede zwischen Planeten, Monden und Kometen? Ziehe Schlüsse aus dem Text und sieh im Lexikon nach. Ergänze die Satzanfänge in deinem Heft:* Planeten sind ..., Monde sind ..., Kometen sind ...

4 *a) Ist es möglich, dass sich Huygens und Cassini persönlich kannten? Kreuze die richtige Antwort an:*

☐ ja ☐ nein

b) Begründe deine Antwort kurz, indem du dich auf beide Texte beziehst. Gib die entsprechenden Zeilen an:

5 *a) Umkreise im Text dir unbekannte Wörter. Zeichne eine Tabelle nach folgendem Muster in dein Heft und trage die Wörter in die linke Spalte ein.*

b) Ergänze die Zeilen und Spalten, indem du versuchst, die Bedeutung der Fach- und Fremdwörter aus dem Zusammenhang zu erschließen. Schlage auch in einem Wörterbuch oder Lexikon nach.

Fachwort, Fremdwort	Mögliche Bedeutung im Kontext	Erklärung laut Wörterbuch
geozentrisch (Z. 7)	alle Planeten und die Sonne drehen sich um die Erde	

!

Informationen kann man **knapp** und **übersichtlich** in einem eigenen kurzen Text **festhalten.** Beachte:
- **Aufbau:** Bringe einzelne Aspekte in eine klare gedankliche Ordnung.
- **Zusammenfassung:** Beschränke dich auf das, was wirklich wichtig ist. Verzichte auf ausschmückende Einzelheiten.
- **Schreibstil:** Schreibe sachlich.
- **Tempus:** Präsens; bei historischen Inhalten: Präteritum.

6 *Der Text über Giovanni Domenico Cassini soll neben dem Text über Christiaan Huygens in einem Sachbuch über Astronomie stehen: Forme ihn in einen Lexikonartikel um, beachte den Merkkasten oben:*

a) Erfasse zunächst die wesentlichen Informationen, indem du schrittweise Unwichtiges im Text streichst. Überlege nach jedem Streichen, worauf noch verzichtet werden könnte.

b) Ordne die wichtigen Fakten nach Oberbegriffen (z.B. Persönliches, Entdeckungen …). Dabei helfen dir deine Überschriften rechts neben dem Text. Kennzeichne die Reihenfolge mit 1., 2. …

c) Formuliere nun deinen Text im Heft. Nenne das Wichtigste zuerst und beginne neue Abschnitte mit neuen Absätzen. Schreibe im Präteritum.

1 *Lies den folgenden Bericht über die Weltraummission aufmerksam.*

Die Cassini-Huygens-Mission

Die rund 3,3 Milliarden Dollar teure Mission im Weltraum ist nach zwei bedeutenden Astronomen des 17. Jahrhunderts benannt. Das Gemeinschaftsprojekt der NASA und der europäischen Weltraumorganisation ESA dient der Erforschung des Saturns und seiner 30 Monde, insbesondere des größten: Titan. Das Raumfahrzeug Cassini wurde von der NASA entwickelt und soll bis zum Jahr 2008 in 70 Umrundungen vor allem die Ringe des Saturns untersuchen. Die Raumsonde Huygens wurde von der ESA gebaut. Sie löste sich nach sieben Jahren gemeinsamen Flugs über dem Titan von Cassini ab, landete erfolgreich auf dem Saturnmond und erforschte dessen Atmosphäre. Die Daten wurden durch Cassini aufgefangen und zur Erde übertragen.

Als Dr. David Southwood, der Wissenschaftsdirektor der ESA, am ersten Weihnachtstag 2004 von der erfolgreichen Trennung der Huygens-Sonde vom Cassini-Raumfahrzeug erfuhr, äußerte er sich begeistert über das 1,2 Milliarden Kilometer entfernte Spektakel: „Das Ausklinken heute ist ein weiterer Meilenstein der Cassini-Huygens-Mission. Nach sieben Jahren ‚Zusammenleben' kam die ‚Trennung im Gütlichen'. Wir danken unseren Partnern bei der NASA herzlich fürs Mitnehmen. Cassini und Huygens werden nun eigene Bahnen fliegen, aber wir rechnen damit, dass sie bis zum Ende dieser faszinierenden Mission in Kontakt bleiben werden. All unsere Hoffnungen und Erwartungen richten sich jetzt auf die ersten Daten aus einer neuen Welt, von deren Erforschung wir seit Jahrzehnten träumen."
20 Tage später erfolgte dann die Sensation: Am 14. Januar 2005 setzte Huygens zum Landeflug auf den Titan an und tauchte um 11.13 Uhr mit einer Geschwindigkeit von 18 000 km/h in die Atmosphäre des Saturnmondes ein. Durch die Reibung der Sonde mit der Atmosphäre, der Gashülle des Titans, wurde sie enorm abgebremst; innerhalb von drei Minuten verringerte sich das Tempo auf nur noch 1400 km/h. Ein Hitzeschild schützte die Sonde beim Durchfliegen der Atmosphäre vor der gewaltigen Hitze, die durch die Reibung entsteht. Nach der extremen Bremsung begann Huygens dann um 11.18 Uhr in 180 Kilometern Höhe mit nur noch etwa 300 km/h den ruhigeren Sinkflug. Durch die Öffnung mehrerer Fallschirme nacheinander konnte die Sonde in zweieinhalb Stunden langsam auf den Boden des unbekannten Mondes sinken und ihre eigentliche Aufgabe erfüllen: die Erforschung der Atmosphäre des Titans.

Mit unterschiedlichen Instrumenten untersuchte die Sonde die Temperatur, die Dichte und den Druck, die Windstärke sowie die Zusammensetzung der Titanatmosphäre. Außerdem lieferte Huygens eine Serie von Bildaufnahmen, die sie nach dem Durchbrechen der dichten Wolkendecke von der steinigen Oberfläche des Mondes machen konnte. Diese Daten empfing zunächst die Cassini-Sonde, um sie direkt an die Empfangsstation der NASA im australischen Canberra weiterzusenden. Nach 68 Minuten konnten die ersten Signale aus der fernen Welt auf der Erde empfangen werden. Huygens hat auch den Aufprall auf die Oberfläche des Saturnmondes mit ca. 18 km/h heil überstanden, eine weitere Sensation der Weltraummission. Solange die Batterien von Huygens reichten und Cassini vom Landeplatz aus sichtbar blieb, sendete Huygens Daten über die Beschaffenheit der Mondoberfläche, darunter auch 350 Bilder.
Cassini setzt inzwischen seine Mission der Erforschung des Saturns, seiner Ringe und Monde fort. Dabei wird sie noch mehrfach am Titan vorbeifliegen, aber von Huygens keine Signale mehr empfangen können, denn deren Batterien sind längst leer.
Die Daten von Huygens erlauben Rückschlüsse auf die Entstehung von erdähnlichen Himmelskörpern mit einer Atmosphäre. Diejenige von Titan ist sehr dicht und dunstig und besteht aus reichlich Stickstoff und Kohlenstoffverbindungen. Auf dem Saturnmond Titan, der etwas kleiner ist als der Mars, ist es mit minus 180 Grad eiskalt. Zudem herrschen ungeheure Windgeschwindigkeiten von etwa 700 km/h. Das sind Stürme, gegen die ein irdischer Tornado wie ein sanftes Lüftchen wirkt. Die Wissenschaftler erhoffen sich wichtige Erkenntnisse darüber, wie auf unserem Planeten Leben entstehen konnte. Sie glauben diese erforschen zu können, weil der Titan in einem ähnlichen Entwicklungsstadium ist, wie die Erde es vor Beginn des Lebens vermutlich war.

2 *Worum geht es in dem Sachtext? Kreuze die passende Überschrift an:*

- ☐ **A** Die Planung der Cassini-Huygens-Mission
- ☐ **B** Die Ergebnisse der Cassini-Huygens-Mission
- ☐ **C** Cassini auf dem Weg zum Saturn
- ☐ **D** Huygens auf dem Weg zum Titan

3 *a) Im ersten Absatz des Textes (▷ Z. 1–13) sind Schlüsselwörter markiert. Markiere beim zweiten, gründlichen Lesen weitere Schlüsselwörter, die das zentrale Thema des Textes betreffen, und umkreise unbekannte Wörter.*
b) Schreibe dir unbekannte Wörter in dein Heft und schlage sie nach. Achte darauf, dass du bei mehreren Bedeutungen eines Wortes diejenige auswählst, die zum Thema passt.

4 *Ergänze das Flussdiagramm, um den Ablauf der Ereignisse im Weltall zu veranschaulichen. Die von dir markierten Schlüsselwörter helfen dir, Sinnabschnitte zu ordnen und zu benennen.*

5 *Kreuze die richtige Antwort an: Der Artikel enthält ein Zitat über die Ablösung der Sonde vom Raumschiff (▷ Z. 20–21). In den dort gewählten Worten spricht man sonst eher über*

☐ **A** eine beginnende Freundschaft.
☐ **B** das friedliche Ende einer Ehe.
☐ **C** ein Wiedersehen alter Freunde.
☐ **D** die Feindschaft ehemaliger Partner.

6 *Kann die Abbildung, die Cassini und Huygens kurz nach der Trennung zeigt (▷ S. 77), eine Fotografie sein? Kreuze an:*

☐ ja
☐ nein

Begründe kurz:

7 *Fasse die wichtigsten Informationen zur Cassini-Huygens-Mission in eigenen Worten kurz zusammen. Auch dieser Text sollte als Lexikonartikel in einem Sachbuch über Astronomie stehen können (vgl. Aufgabe 6, S. 76). Schreibe in deinem Heft.*

Diagramme verstehen
Diagramme machen Zahlen anschaulich: **Kreis-, Balken-** oder **Säulendiagramme** zeigen Mengenverhältnisse. **Kurvendiagramme** stellen zeitliche Abläufe und Entwicklungen dar.

8 *Beantworte die Fragen zum Säulendiagramm in je einem Satz.*
a) Was bedeuten die Angaben unterhalb der Säulen?

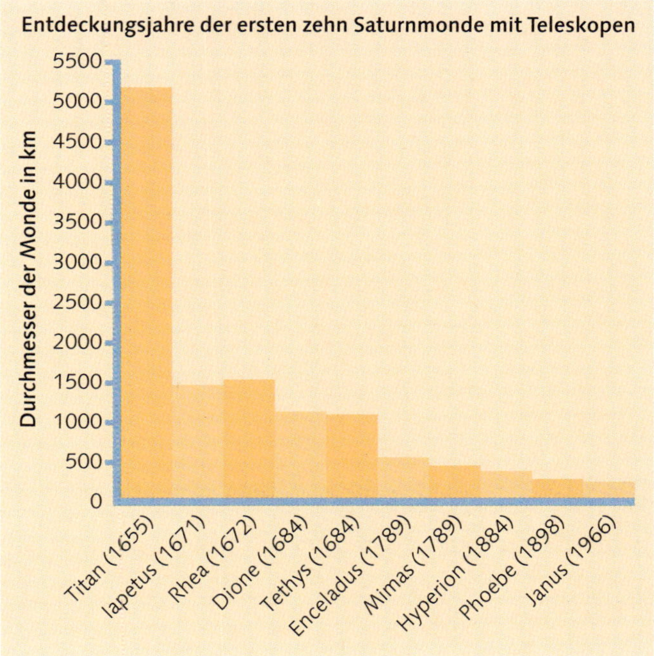

b) Was veranschaulicht die erste Säule links?

c) Vergleiche das Diagramm mit den Texten zu Huygens und Cassini: Wer entdeckte den zweitgrößten Mond des Saturns?

d) Welche Zusammenhänge gibt es zwischen dem Entdeckungsjahr und der Mondgröße?

9 *a) Was bedeutet die Zahl 18 000 an der linken Achse des Kurvendiagramms?*

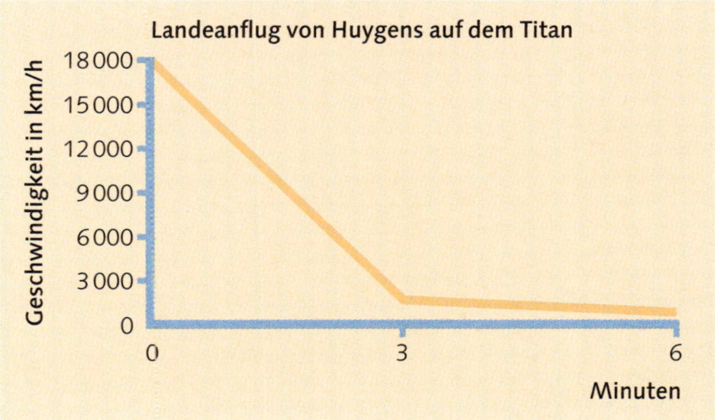

b) Was sagt die Kurve über die Bewegung der Sonde „Huygens" in den ersten sechs Minuten des Landeanflugs aus?

c) Welche Textstelle (▷ S. 77) beschreibt den Vorgang am Knick in der Kurve? Zeile:

Inhaltsangabe eines Erzähltextes

Eine Inhaltsangabe fasst **mit eigenen Worten** einen Text **knapp** und **sachlich** so zusammen, dass jemand, der das Original nicht kennt, über das Wesentliche informiert wird.

Die folgende Geschichte von Johann Peter Hebel ist eine Kalendergeschichte: Sie wurde in einem Kalender abgedruckt und musste deshalb kurz sein. Üblich waren dafür erzählende, unterhaltsam-belehrende Texte, die ein kluges, listiges oder auffallend dummes Verhalten schildern.

Johann Peter Hebel

Der Barbierjunge von Segringen (1811)

Man muss Gott nicht versuchen, aber auch die Menschen nicht. Denn im vorigen Spätjahr[1] kam in dem Wirtshaus zu Segringen ein Fremder von der Armee an, der einen starken Bart hatte und fast wunderlich aussah, also, dass ihm nicht recht zu trauen war. Der sagt zum Wirt, eh' er etwas zu essen oder zu trinken fordert: „Habt Ihr keinen Barbier im Ort, der mich rasieren kann?“ Der Wirt sagt ja und holt den Barbier. Zu dem sagt der Fremde: „Ihr sollt mir den Bart abnehmen, aber ich habe eine kitzlige Haut. Wenn Ihr mich nicht ins Gesicht schneidet, so bezahl' ich Euch vier Kronentaler. Wenn Ihr mich aber schneidet, so stech ich Euch tot. Ihr wäret nicht der Erste.“ Wie der erschrockene Mann das hörte (denn der fremde Herr machte ein Gesicht, als wenn er nicht vexiert[2] wäre, und das spitzige, kalte Eisen lag auf dem Tisch), so springt er fort und schickt den Gesellen. Zu dem sagt der Herr das Nämliche. Wie der Gesell das Nämliche hört, springt er ebenfalls fort und schickt den Lehrjungen. Der Lehrjunge lässt sich blenden von dem Geld und denkt: Ich wag's. Geratet es und ich schneide ihn nicht, so kann ich mir für vier Kronentaler einen neuen Rock auf die Kirchweihe kaufen und einen Schnepper[3]. Geratet's nicht, so weiß ich, was ich tue, und rasiert den Herrn. Der Herr hält ruhig still, weiß nicht, in welcher entsetzlichen Todesgefahr er ist, und der verwegene

1 **Spätjahr:** Herbst
2 **vexierten:** *hier:* etwas scherzhaft meinen
3 **Schnepper:** *süddt. altertüml.:* Kartoffelpfannkuchen

Lehrjunge spaziert ihm auch ganz kaltblütig mit dem Messer im Gesicht und um die Nase herum, als wenn's nur um einen Sechser, oder im Fall eines Schnittes um ein Stücklein Zunder oder Fließpapier darauf zu tun wäre, und nicht um vier Kronentaler und um ein Leben, und bringt ihm glücklich den Bart aus dem Gesicht ohne Schnitt und ohne Blut, und dachte doch, als er fertig war: Gottlob!

Als aber der Herr aufgestanden war und sich im Spiegel beschaut und abgetrocknet hatte und gibt dem Jungen die vier Kronentaler, sagt er zu ihm: „Aber junger Mensch, wer hat dir den Mut gegeben, mich zu rasieren, so doch dein Herr und der Gesell sind fortgesprungen! Denn wenn du mich geschnitten hättest, so hätt' ich dich erstochen." Der Lehrjunge aber bedankte sich lächelnd für das schöne Stück Geld und sagte: „Gnädiger Herr, Ihr hättet mich nicht erstochen, sondern wenn Ihr gezuckt hättet und ich hätt' Euch ins Gesicht geschnitten, so wär' ich Euch zuvorgekommen, hätt' Euch augenblicklich die Gurgel abgehauen und wäre auf und davon gesprungen." Als der fremde Herr das hörte und an die Gefahr dachte, in der er gesessen hatte, ward er erst blass vor Schrecken und Todesangst, schenkte dem Burschen dann noch einen Kronentaler extra und hat seitdem zu keinem Barbier mehr gesagt: „Ich stech dich tot, wenn du mich schneidest."

1 *Wie gehst du vor, wenn du einen Text zusammenfassen sollst? Nummeriere die folgenden Zettel in der richtigen Reihenfolge.*

☐ einen Einleitungssatz formulieren

☐ Sinnabschnitte in Stichworten oder einer Überschrift zusammenfassen

☐ beim zweiten Lesen Schlüsselwörter markieren

☐ den Text gründlich lesen

☐ die W-Fragen beantworten

☐ den Text nochmals lesen und in Sinnabschnitte gliedern

2 *Lies die Kalendergeschichte von Johann Peter Hebel zweimal aufmerksam durch:*

a) Überprüfe beim ersten Lesen, ob es dir unverständliche Wörter gibt, die du im Wörterbuch oder Lexikon nachschlagen möchtest. Schreibe diese Wörter und ihre Bedeutung in dein Heft.

b) Unterstreiche beim zweiten Lesen Schlüsselwörter.

TIPP

Die **W-Fragen** helfen dir, für eine Inhaltsangabe die wichtigsten Informationen herauszufinden:
„Wer?" – „Wo?" – „Wann?" – „Was?" – „Wie?" – „Warum?"
Beachte:
- Nicht immer gibt ein Text auf alle W-Fragen eine Antwort.
- Die Fragen „Was?", „Wie?" und „Warum?" lassen sich häufig nicht mit nur wenigen Worten beantworten.

3 *Die folgenden Aufgaben helfen dir, die W-Fragen sinnvoll auf die Geschichte „Der Barbierjunge von Segringen" anzuwenden:*

a) WER? Welche Figuren kommen in der Geschichte vor? Liste sie auf.
Wer sind die Hauptfiguren? Unterstreiche sie in deiner Liste.

b) *WO?* *Wo geschieht das Erzählte?*
Überlege, welche Funktion der Ortsname für die Geschichte hat. Kreuze die zutreffende Aussage an:

☐ **A** Es ist für die Geschichte ausschlaggebend, dass sie in Segringen spielt.

☐ **B** Der Ort Segringen wird namentlich genannt, um den Eindruck hervorzurufen, dass das Erzählte tatsächlich geschehen ist.

☐ **C** Der Ortsname spielt eine wichtige Rolle, weil Segringen sehr bekannt ist.

Kreuze an, welche der Formulierungen du für deine Inhaltsangabe verwenden möchtest: Die Geschichte spielt …

☐ **D** in einem Wirtshaus. ☐ **E** in Segringen. ☐ **F** in einem kleinen Ort in Deutschland.

c) *WANN?* *Wann spielt die Geschichte?*
Kreuze die zutreffende(n) Aussage(n) zur Zeitangabe in der Geschichte an:

☐ **A** Das Jahr wird nicht genau genannt, weil die Geschichte ursprünglich in einem Kalender abgedruckt wurde und damit für den Leser klar war, auf welches Jahr sich die Angabe bezog.

☐ **B** Eine genaue Zeitangabe ist für die Aussage der Geschichte nicht wichtig.

☐ **C** Die genaue Jahresangabe, wann die Geschichte spielt, steht in Klammern hinter dem Titel.

Entscheide nun, welche der Formulierungen du für deine Inhaltsangabe gebrauchen kannst: Die Geschichte spielt …

☐ **D** im letzten Herbst ☐ **E** im Herbst des Jahres 1811 ☐ **F** zu Beginn des 19. Jahrhunderts

TIPP

Die Frage „Was geschieht …?“ zu beantworten, ist die zentrale Aufgabe der Inhaltsangabe. Um die Handlung Schritt für Schritt nachzuvollziehen und zusammenzufassen, gehst du am besten abschnittweise vor.
Die folgenden Aufgaben geben dir Hinweise, wie du die Antwort auf die Frage „Was geschieht?“ Schritt für Schritt erarbeitest.

d) *WIE?* *Wenn du eine Inhaltsangabe schreibst, dann geht es um die Frage:*

☐ **A** wie dir als Leser oder Leserin die Geschichte gefällt.

☐ **B** wie sich die verschiedenen Figuren verhalten.

☐ **C** wie die Geschichte abläuft und ausgeht.

☐ **D** wie die Geschichte erzählt wird, um Spannung zu erzeugen.

Kreuze die passenden Fragen an.
Lies die Geschichte erneut und markiere, welche Textpassagen deine Fragen beantworten.
Beantworte diese Fragen in deinem Heft.

e) *WARUM?* *Mit der Frage „Warum?“ kann man nach sehr Unterschiedlichem fragen. Die Frage muss deshalb für jeden Text sinnvoll ausformuliert werden. Kreuze an, welche der folgenden „Warum“-Fragen in Hebels Kalendergeschichte beantwortet wird:*

☐ **A** Warum will sich der Fremde rasieren lassen?

☐ **B** Warum traut sich der Lehrjunge etwas, was sich die anderen nicht trauen?

☐ **C** Warum ist der Fremde so gewaltbereit?

TIPP

Wenn du einen Text zusammenfasst, musst du die Zeilen angeben, von wo bis wo jeder Sinnabschnitt reicht, z. B.: „Z. 3–15". Du kannst deren Inhalte in Form einer Überschrift oder in einem Satz wiedergeben.

4 a) *Lies die Kalendergeschichte erneut und kennzeichne die Sinnabschnitte im Text, indem du Linien dazwischen ziehst.*
b) *Fasse in deinem Heft mit Angabe der Zeilen Sinnabschnitte zusammen. Formuliere die Zusammenfassung in einem Satz oder in einer Überschrift.*

TIPP

Ein Einleitungssatz soll folgende Informationen enthalten:

- Name des Autors/der Autorin des Textes,
- Textart,
- Titel des Textes,
- Entstehungszeit des Textes, wenn sie bekannt ist,
- Thema des Textes: „Worum geht es in dem Text?"

Um das Thema genau benennen zu können, muss man den Text gut verstanden haben. Deshalb ist es sinnvoll, erst die Fragen zum Text zu beantworten, bevor man den Einleitungssatz schreibt.

5 a) *Die folgenden Einleitungssätze zur Kalendergeschichte sind nicht gelungen. Überprüfe sie mit Hilfe der im Tippkasten genannten Merkmale und schreibe in Stichworten auf, was verbessert werden könnte. Achte dabei besonders auf die Thema-Formulierungen.*

(1) Die Kalendergeschichte von Johann Peter Hebel handelt von Mut und Feigheit.

(2) In diesem Text von Hebel geht es um einen gefährlichen Fremden, der sich rasieren lassen will.

(3) „Der Barbierjunge von Segringen" traut sich etwas, was sich sonst keiner traut.

b) *Formuliere nun selbst einen Einleitungssatz, der alle notwendigen Informationen enthält:*

TIPP

Beim Schreiben einer Inhaltsangabe musst du auf bestimmte **sprachliche Merkmale** achten:
- ☐ Schreibe im **Präsens,** bei Vorzeitigkeit im **Perfekt.**
- ☐ Verwende die **indirekte Rede** (▷ S. 20) oder **beschreibe** bei längerer Figurenrede **das Redeverhalten,** z. B.: „Der Fremde befiehlt, ihm den Bart zu rasieren."
- ☐ Gib den Text **mit eigenen Worten** wieder und formuliere **sachlich.**

6 *Unterstreiche in dem folgenden Ausschnitt aus einer Inhaltsangabe alle Verben, die im falschen Tempus stehen. Schreibe das richtige Tempus an den Rand.*

Nachdem der Wirt den Barbier geholt hatte, erklärt der Fremde ihm, was er will. Der Barbier wollte sich aber darauf nicht einlassen und schickte deshalb seinen Gesellen. Dieser ist aber auch zu ängstlich und ließ deshalb den Lehrjungen kommen. Weil der Lehrjunge das Geld gut brauchen konnte, hat er seine Angst überwunden und sich auf das Geschäft eingelassen. Was der Fremde allerdings nicht wusste, war, dass der Junge sich etwas überlegt hatte, was er tun will, wenn er den Fremden doch verletzt.

7 *Gib die folgenden Textpassagen möglichst knapp und treffend in der indirekten Rede wieder.*

Z. 5–7: Der sagt zum Wirt, eh' er etwas zu essen oder zu trinken fordert: „Habt Ihr keinen Barbier im Ort, der mich rasieren kann?"

Z. 8–13: Zu dem sagt der Fremde: „Ihr sollt mir den Bart abnehmen, aber ich habe eine kitzlige Haut. Wenn Ihr mich nicht ins Gesicht schneidet, so bezahl' ich Euch vier Kronentaler. Wenn Ihr mich aber schneidet, so stech ich Euch tot. Ihr wäret nicht der Erste."

Z. 34–40: Als aber der Herr aufgestanden war und sich im Spiegel beschaut und abgetrocknet hatte und gibt dem Jungen die vier Kronentaler, sagt er zu ihm: „Aber junger Mensch, wer hat dir den Mut gegeben, mich zu rasieren, so doch dein Herr und der Gesell sind fortgesprungen! Denn wenn du mich geschnitten hättest, so hätt' ich dich erstochen."

Z. 40–46: Der Lehrjunge aber bedankte sich lächelnd für das schöne Stück Geld und sagte: „Gnädiger Herr, Ihr hättet mich nicht erstochen, sondern wenn Ihr gezuckt hättet und ich hätt' Euch ins Gesicht geschnitten, so wär' ich Euch zuvorgekommen, hätt' Euch augenblicklich die Gurgel abgehauen und wäre auf und davon gesprungen."

Z. 46–51: Als der fremde Herr das hörte, [...] hat [er] seitdem zu keinem Barbier mehr gesagt: „Ich stech dich tot, wenn du mich schneidest."

8 *Unterstreiche in den folgenden Beispielsätzen aus Inhaltsangaben:*
- ☐ *Formulierungen, die nicht sachlich sind, grün;*
- ☐ *Formulierungen, die nicht in eigenen Worten wiedergegeben sind, sondern den Text wörtlich wiedergeben, blau.*

Weil der Barbier und sein Geselle ganz schön feige sind und einen kleinen Zusatzverdienst offensichtlich nicht so dringend nötig haben, lehnen sie das Geschäft ab – Pech für sie, Glück für den Lehrling!

Der Herr hält ruhig still und der Lehrjunge spaziert ihm mit dem Rasiermesser durch das ganze Gesicht.

Der Lehrjunge bedankt sich für das schöne Stück Geld und erklärt dem Fremden nun, was er getan hätte, wenn ihm das Messer ausgerutscht wäre.

Da bekommt der Fremde am Ende einen Todesschreck, was ihm nur recht geschieht, weil er selbst auch Angst und Schrecken verbreitet hat.

Er schenkt dem Burschen noch einen Kronentaler extra und hat seitdem zu keinem Barbier mehr gesagt, dass er ihn totsteche, wenn dieser ihn schneide.

9 *Schreibe zur Kalendergeschichte „Der Barbierjunge von Segringen" von Johann Peter Hebel eine vollständige Inhaltsangabe in dein Heft. Nutze dazu deine Vorarbeiten auf den S. 81–85.*

Lesetraining: eine Ballade vortragen

Joseph Victor von Scheffel

Der Ichthyosaurus

Es rauscht in den Schachtelhalmen,
Verdächtig leuchtet das Meer,
Da schwimmt mit Tränen im Auge
Ein Ichthyosaurus daher.

Ihn jammert der Zeiten Verderbnis,
Denn ein sehr bedenklicher Ton
War neuerlich eingerissen
In der Liasformation.

„Der Plesiosaurus, der Alte,
Er jubelt in Saus und Braus,
Der Pterodaktylus selber
Flog neulich betrunken nach Haus.

Der Iguanodon, der Lümmel,
Wird frecher zu jeglicher Frist,
Schon hat er am hellen Tage
Die Ichthyosaura geküsst.

Mir ahnt eine Weltkatastrophe,
So kann es ja länger nicht gehn;
Was soll aus dem Lias noch werden,
Wenn solche Dinge geschehn?“

So klagte der Ichthyosaurus,
Da ward es ihm kreidig zumut';
Sein letzter Seufzer verhallte
Im Qualmen und Zischen der Flut.

Es starb zu derselbigen Stunde
Die ganze Saurierei,
Sie kamen zu tief in die Kreide,
Da war es natürlich vorbei.

Und der uns hat gesungen
Dies petrefaktische Lied,
Der fand's als fossiles Albumblatt
Auf einem Koprolith.

1 *a) Lies die Ballade.*
b) Unterstreiche mit Bleistift die Wörter, die dir Schwierigkeiten beim Lesen oder beim Verstehen des Textes bereiten.

2 *Ordne den Fremdwörtern in der linke Spalte jeweils eine passende Erklärung aus der rechten Spalte zu. Wenn du unsicher bist, kannst du in einem Fremdwörterbuch nachschlagen.*

1 Ichthyosaurus	A versteinert
2 Liasformation	B Flugsaurier mit rückgebildetem Schwanz
3 Plesiosaurus	C versteinerter Kot urweltlicher Tiere
4 Pterodaktylus	D bestimmte Phase der Jurazeit
5 Iguanodon	E weibliche Form des Ichthyosaurus
6 Ichthyosaura	F pflanzenfressender Dinosaurier
7 petrefaktisch	G Fischechse, ausgestorbenes Meereskriechtier
8 fossil	H langhalsiges Kriechtier mit paddelförmigen Gliedmaßen
9 Koprolith	J urzeitlich, als Versteinerung erhalten

3 *Um das Gedicht flüssig und anschaulich vortragen zu können, musst du üben, die Fremdwörter zu lesen, die dir nicht geläufig sind. Gehe dazu folgendermaßen vor:*
a) Schreibe die Wörter nach Sprechsilben getrennt auf.
b) Markiere die Silbe(n), die eine Betonung bekommen, mit einem Betonungszeichen.

Ich-thy-o-sáu-rus

TIPP

Wenn du unsicher bist, wie ein Wort zu betonen ist, kannst du
- in einem Wörterbuch nachschlagen – dort sind die betonten Silben markiert;
- das Metrum der Ballade zur Hilfe nehmen (achte auf Unregelmäßigkeiten):
  „Mir áhnt eine Wéltkatastróphe,
  So kánn es ja lánger nicht géhn […]".

4 *a) Lies die von dir im Text unterstrichenen Wörter erst einzeln langsam und rhythmisch im Silbentakt, dann schneller und flüssiger.*
b) Wenn du meinst, dass du die Wörter problemlos aussprechen kannst, dann lies jeweils die ganze Gedichtzeile, in der das Wort vorkommt, mehrmals.

5 *Bereite nun das ganze Gedicht mit folgenden Zeichen für das laute Lesen vor:*

Zeichen	Bedeutung	Zeichen	Bedeutung
/	Sprechpause	———→	schneller
//	lange Pause	←———	langsamer
War neuerlich eingerissen ↩ In der Liasformation	Zeilensprung	<u>Verdächtig</u>	betontes Wort
< >	leiser, lauter		

6 *a) Suche im Text nach Hinweisen, wie die wörtliche Rede des Ichthyosaurus klingen soll. Schreibe die Textstellen mit Zeilenangaben heraus:*

b) Übe nun, die dritte bis fünfte Strophe in einem solchen Ton vorzulesen.

7 *Lies das Gedicht entsprechend deinen Vorbereitungen mehrmals laut vor, bis du mit deinem Vortrag zufrieden bist.*

TIPP

Wenn du deinen Vortrag auf Kassette oder MP3-Player aufnimmst, kann du selbst hören, welche Textstellen du noch besser gestalten kannst.

Ich teste meinen Lernstand

TIPP

Der folgende Test (▷ S. 88–95)hilft dir zu erkennen, was du im Fach Deutsch schon alles gelernt hast: Was kann ich? Was weiß ich? Wo bin ich noch unsicher? Wo habe ich Lücken?
Du kannst mit dem Test verschiedene Fähigkeiten und Kenntnisse prüfen:

- das **Verstehen von Texten** (Aufgaben A1 + A2),
- **Grammatik** (Aufgabe B),
- **Rechtschreibung** (Aufgabe C),
- und das **Schreiben von Texten** (Aufgabe D).

Du kannst den Test am Ende des Schuljahres durchführen, wenn du wissen willst, ob du die wichtigen Inhalte erfolgreich gelernt hast. Vielleicht willst du aber auch in der Mitte des Schuljahres testen, in welchen Bereichen du Schwächen hast und was du noch einmal besonders üben musst.
Nimm dir Zeit, um alle Aufgaben auf den nächsten Seiten in Ruhe zu lösen. Setze dir einen Zeitrahmen und versuche, diesen einzuhalten. Nimm dir z. B. vor, die Aufgaben A bis B in 60 Minuten zu schaffen, und räume dir später auch für die Aufgaben C bis D eine Zeitstunde ein.
Lies die Aufgabenstellungen aufmerksam. Du kannst deine Antworten mit Hilfe des Lösungsheftes selbst prüfen und anhand der erreichten Punktzahl deinen Lernstand bewerten.
Vielleicht willst du den Test auch zusammen mit einem Partner oder einer Partnerin durchführen? Achtet gemeinsam auf die Einhaltung der Zeit und wertet die Ergebnisse aus. Stellt abschließend eure Fehlerschwerpunkte fest und beratet, was noch einmal geübt werden sollte.

A1 Einen literarischen Text verstehen

Johann Peter Hebel

Der betrogene Krämer

Ein Rubel ist in Russland eine Silbermünze und beträgt siebenundzwanzig Batzen[1] hin oder her, ein Imperial aber ist ein Goldstück und tut zehen Rubel; deswegen kann man wohl für einen Imperial einen Rubel bekommen, zum Beispiel wenn man in den Karten neun Rubel verliert, aber nicht für einen Rubel einen Imperial. Allein ein schlauer Soldat in Moskau sagte doch: „Was gilt's? Morgen auf dem Jahrmarkt will ich mit einem Rubel einen doppelten Imperial angeln."

Als den andern Tag in langen Reihen von Kaufläden der Jahrmarkt aufging, vor allen Ständen standen schon die Leute, lobten und tadelten, boten ab und boten zu, und die Menge ging auf und ging ab, und die Knaben grüßten die Mägdlein, kommt auf einmal der Soldat mit einem Rubel in den Händen. „Wem gehört dieser Kaisertaler, dieser Rubel? Gehört er Euch?", fragt er jeden Krämer an jedem Stand. Einer, der ohnehin nicht viel Geld löste[2] und lange zusah, dachte endlich: Wenn dich dein Geld an die Finger brennt, die meinigen sind nicht so blöde. – „Hieher, Musketier[3], der Rubel ist mein." Der Soldat sagte: „Wenn Ihr mich nicht gerufen hättet, ich hätt Euch schwerlich gefunden unter der Menge", und gibt ihm den Rubel. Der Kaufmann betrachtet ihn hin und her und klingelt daran, ob er gut sei; ja, er war gut, und steckt ihn in die Tasche. „Seid so gut und gebt mir denn jetzt auch meinen Imperial", sagte der Musketier. Der Kaufmann erwiderte: „Ich habe keinen Imperial von Euch, so bin ich Euch auch keinen schuldig. Da habt Ihr Euren einfältigen Rubel wieder, wenn Ihr nur Spaß wollt machen." Aber der Musketier sagte: „Meinen zweifältigen Imperial gebt mir heraus, mein Spaß ist Ernst, und die Marktwache, die Polizei wird zu finden sein." Ein Wort gab das andere, das glimpfliche[4] gab das trotzige,

1 **Batzen:** Geldstück von geringem Wert (ursprüngl. in Bern geprägt, im süddt. Raum gebräuchlich)

2 **lösen:** als Erlös (Geldbetrag) einbringen

3 **Musketier:** Fußsoldat (mit einer Muskete bewaffnet)

4 **glimpflich:** angemessen, höflich, gebührend

und das trotzige gab das schnöde[5], und es hängt sich an den Stand mit Leuten an wie ein Bart an einem Bienenkorb. Auf einmal bohrt etwas wie ein Maulwurf durch die Menge. „Was geht hier vor?", fragte der Polizeisergeant, als er sich mit seinen Leuten durch die Menge durchgebohrt hatte. „Was geht vor?, frag ich." Der Krämer wusste wenig zu sagen, aber desto mundfertiger war der Musketier. Vor keiner Viertelstunde, erzählte er, hab er diesem Mann für einen Rubel abgekauft, das und das. Als er ihn bezahlen wollte, in allen Taschen hatte er kein Geld gefunden, nur einen doppelten Imperial, den ihm sein Pate geschenkt hatte, als er gezogen wurde[6]. So habe er ihm den Imperial als Unterpfand zurückgelassen, bis er den Rubel bringe. Wie er mit dem Rubel wiederkommen sei, hab er den rechten Kaufladen nimmer gefunden und an allen Ständen gefragt: „Wem bin ich einen Rubel schuldig?" So habe dieser da gesagt, er sei derjenige, und sei's auch und habe ihm auch den Rubel abgenommen, aber von dem Imperial wolle er nichts wissen. „Wollt Ihr ihn jetzt gutwillig herausgeben oder nicht?" Als aber der Polizeisergeant die Umstehenden fragte und die Umstehenden sagten: ja, der Musketier habe an allen Kaufläden gefragt, wem der Rubel gehöre, und dieser habe bekannt, er gehöre ihm und habe ihn auch angenommen und daran geklingelt, ob er probat[7] sei. Als der Polizeihauptmann das hörte, so gab er den Bescheid: „Habt Ihr Euren Rubel bekommen, so gebt dem Soldaten auch seinen Imperial zurück, oder man petschiert[8] Euch Euren Stand mit Lattnägeln[9] zusammen, und Ihr werdet zwischen Euren eigenen Brettern eingeschachtelt und eingeschindelt[10], und könnt Ihr alsdann lang Hunger leiden, so könnt Ihr auch lang leben." Das sagte der Anführer der Polizeiwache, und wer dem Musketier für seinen Rubel einen Imperial herausgeben musste, war der Kaufmann.

Merke: Fremdes Gut frisst das eigene, wie neuer Schnee den alten.

5 **schnöde:** verletzend, verächtlich, besonders hässlich
6 **gezogen** werden: zum Militärdienst eingezogen werden
7 **probat:** erprobt, bewährt
8 **petschieren:** versiegeln
9 **Lattnägel:** flache Nägel mit zugespitzten Köpfen
10 **einschindeln:** rundum mit Schindeln (Holztäfelchen) verkleiden

1 *Kreuze die richtige Antwort an.*

In der Geschichte geht es um Betrug. Wer handelt in betrügerischer Absicht?

☐ **A** der Krämer ☐ **B** der Soldat (Musketier) ☐ **C** beide ☐ **D** der Polizist — 1 P.

2 *Auf welche Figur im Text bezieht sich die Lehre (▷ Z. 69–70)?* ______________

Begründe: ______________

______________ 3 P.

3 *Kreuze an, welche Eigenschaften auf die Figuren jeweils zutreffen.*

Soldat		Krämer	Soldat		Krämer
☐	redegewandt	☐	☐	ehrlich	☐
☐	geldgierig	☐	☐	hinterlistig	☐
☐	einfältig	☐	☐	misstrauisch	☐

3 P. (je ½)

4 *Der Polizist droht dem Krämer eine Strafe an: Welche?*
Lies zur Beantwortung die entsprechende Textstelle noch einmal aufmerksam.

☐ **A** Tod durch Verhungern
☐ **B** Gefängnis bei Wasser und Brot
☐ **C** Beschlagnahmung des Marktstandes
☐ **D** Geldstrafe

3 P.

5 *Kreuze die richtige Antwort an. „Ein Wort gab das andere, das glimpfliche gab das trotzige, und das trotzige gab das schnöde" (> Z. 32–34) bedeutet, dass*

☐ **A** der Wortwechsel ziemlich ruhig verlief.
☐ **B** der Wortwechsel ziemlich laut verlief.
☐ **C** der Streit sich steigerte.
☐ **D** der eine den anderen überzeugte.

2 P.

6 *a) Der Autor verwendet bildhafte Ausdrücke. Erkläre mit eigenen Worten, was er mit folgender Formulierung ausdrücken will: „… und es hängt sich an den Stand mit Leuten an wie ein Bart an einem Bienenkorb." Lies zur Beantwortung die Textstelle (▷ Z. 34–36) noch einmal genau.*

____

______________________________ 3 P.

b) Kreuze die richtige Antwort an. Bei der bildhaften Formulierung handelt es sich um

☐ **A** eine Metapher. ☐ **B** einen Vergleich. ☐ **C** eine Personifikation.

1 P.

7 *Wähle eine der drei Grafiken aus, um den Spannungsverlauf der Geschichte darzustellen.*

A  B  C 

Begründe deine Wahl: ______________________________

____

______________________________ 3 P.

8 *Kreuze die richtige Antwort an. Auf das Verhalten des Krämers trifft folgendes Sprichwort zu:*

☐ **A** Wer einmal lügt, dem glaubt man nicht.
☐ **B** Wer anderen eine Grube gräbt, fällt selbst hinein.
☐ **C** Geld regiert die Welt.
☐ **D** Lügen haben kurze Beine.

Begründe: ______________________________

____

______________________________ 2 P.

9 *Kreuze die richtige Antwort an.*

Der Text soll

☐ **A** sachlich informieren und unterhalten.
☐ **B** belehren und warnen.
☐ **C** sachlich informieren und warnen.
☐ **D** unterhalten und belehren.

Begründe: ______________________________

____

______________________________ 3 P.

A2 Einen Sachtext verstehen

Aus dem Strafgesetzbuch

§ 263. Betrug. (1) Wer in der Absicht, sich oder einem Dritten einen rechtswidrigen Vermögensvorteil zu verschaffen, das Vermögen eines anderen dadurch beschädigt, dass er durch Vorspiegelung falscher oder durch Entstellung oder Unterdrückung wahrer Tatsachen einen Irrtum erregt oder unterhält, wird mit Freiheitsstrafe bis zu fünf Jahren oder mit Geldstrafe bestraft.

(2) Der Versuch ist strafbar.

(3) In besonders schweren Fällen ist die Strafe Freiheitsstrafe von sechs Monaten bis zu zehn Jahren. Ein besonders schwerer Fall liegt in der Regel vor, wenn der Täter

1. gewerbsmäßig oder als Mitglied einer Bande handelt, die sich zur fortgesetzten Begehung von Urkundenfälschung oder Betrug verbunden hat,
2. einen Vermögensverlust großen Ausmaßes herbeiführt oder in der Absicht handelt, durch die fortgesetzte Begehung von Betrug eine große Zahl von Menschen in die Gefahr des Verlustes von Vermögenswerten zu bringen,
3. eine andere Person in wirtschaftliche Not bringt,
4. seine Befugnisse oder seine Stellung als Amtsträger missbraucht oder
5. einen Versicherungsfall vortäuscht, nachdem er oder ein anderer zu diesem Zweck eine Sache von bedeutendem Wert in Brand gesetzt oder durch eine Brandlegung ganz oder teilweise zerstört oder ein Schiff zum Sinken oder Stranden gebracht hat.

10 *Kreuze für jede Formulierung an: Richtig oder falsch im Sinne des Strafgesetzbuches?*

Ein Betrüger ist, wer	richtig	falsch
A jemand anderem sehr viel Geld wegnimmt.	☐	☐
B ein defektes Auto verkauft und dabei Schäden verheimlicht.	☐	☐
C behauptet, mehr Geld zu verdienen, als er wirklich verdient.	☐	☐
D eine feste Verabredung trifft und diese dann nicht einhält.	☐	☐
E versucht, ein defektes Auto zu verkaufen und dabei Schäden zu verheimlichen.	☐	☐
F sein Rennrad einem Freund gibt und es der Versicherung als gestohlen meldet.	☐	☐

6 P.

11 *Erkläre mit eigenen Worten, was der zweite Satz bedeutet: „Der Versuch ist strafbar."*

____

____

____

____

____

2 P.

12 *Lies das Gesetz ab Punkt (3) noch einmal sehr genau und kreuze die richtige Antwort an: Was ist ein besonders schwerer Fall von Betrug?*

☐ A Wenn man ein Haus durch Brand komplett zerstört.

☐ B Wenn man ein Haus durch Brand teilweise zerstört.

☐ C Wenn man eine Werkstatt zum Drucken falscher Zeugnisse betreibt.

☐ D Wenn man in eine Werkstatt zum Drucken falscher Zeugnisse einbricht.

3 P.

B Grammatik

13 *Auf einer Polizeistation berichtet ein junger Mann von einer E-Mail, die er erhielt:*

(A) „Der Verfasser gibt sich als Mitglied einer gestürzten afrikanischen Königsfamilie aus.

(B) Er bittet mich, ihm mein Bankkonto zur Verfügung zu stellen.

(C) Auf diesem soll eine riesige Geldsumme platziert werden, die in Sicherheit gebracht werden muss.

(D) Als Entschädigung bietet er mir 25 % des gesamten Anlagebetrags an.

(E) Ich soll nur meine Bankdaten weitergeben.

(F) Es handelt sich aber laut Verbraucherschutz um eine Masche von Betrügern, die mit der Geldgier ihrer Opfer rechnen."

Der Polizeibeamte muss die Aussage aufnehmen.
Formuliere die Sätze für den Polizeibericht in die indirekte Rede um:

(A) ______________________

(B) ______________________

(C) ______________________

____

(D) ______________________

(E) ______________________

(F) ______________________

______________________ 6 P.

Der Verbraucherschutz rät: Mails von Unbekannten nie beantworten

(1) Der Verbraucherschutz rät dringend davon ab, merkwürdige Schreiben von angeblich gestürzten Machthabern aus Afrika zu beantworten. (2) Die Betrüger gelangen sonst möglicherweise an wichtige Informationen und Unterlagen wie Bankverbindungen, Geschäftspapier oder Originalunterschriften. (3) Diese können dann zu betrügerischen Zwecken verwendet werden, etwa für Vollmachten oder Bankgeschäfte. (4) Die Polizei empfiehlt, die dubiosen Briefe zu vernichten oder E-Mails zu löschen. Erkennungsmerkmale:

(5) Die Briefe sind meistens in Englisch oder in fehlerhaftem, fast unverständlichem Deutsch verfasst.

(6) Der Absender wird meist mit „The managing director"[1], „The president"[2] oder Ähnlichem angegeben.

(7) Teilweise sind die Schreiben auf offensichtlich gefälschtem Geschäftspapier offizieller Stellen verfasst.

(8) Die Briefe sind meistens fotokopiert und im Massenversand verschickt.

(9) In den Schreiben wird meist auf die absolute Dringlichkeit eines Geschäftsabschlusses hingewiesen.

(10) Es wird von sehr hohen Geldsummen gesprochen, die kurzfristig auf Ihr Konto transferiert werden sollen.

1 **managing director:** Geschäftsleitung, Vorstand
2 **president:** Präsident, Aufsichtsratsvorsitzender

14 *Lies zunächst den gesamten Text auf S. 92 unten und bearbeite dann folgende Aufgaben:* 1½ P.
a) Unterstreiche im ersten Teil des Textes alle Sätze, die im Aktiv stehen.
b) Umkreise jeweils das Subjekt dieser Sätze. 1½ P.
c) Verwandle die Sätze 1 und 4 ins Passiv.

____

____

____

____

____ 2 P.

d) Welche veränderte Wirkung entsteht durch die Umwandlung ins Passiv?

- ☐ **A** keine
- ☐ **B** Der Rat klingt glaubwürdiger.
- ☐ **C** Der Vorgang steht im Zentrum, nicht der Handlungsträger.
- ☐ **D** Der Handlungsträger steht im Zentrum, nicht der Vorgang.

1 P.

15 *Kreuze die richtige Antwort an: Aus welchem Grund wird in dem Text vornehmlich die Passivform verwendet?*

- ☐ **A** Man will die Täter nicht nennen.
- ☐ **B** Man kann die Täter nicht nennen.
- ☐ **C** Man will keine Verantwortung übernehmen.
- ☐ **D** Man will die Täter schützen.

2 P.

16 *Lies den folgenden Text und ordne die Nummern der unterstrichenen Gliedsätze an der richtigen Stelle in die Tabelle ein.*

Aus der polizeilichen Kriminalstatistik 2004: Betrug

Nachdem schon im Vorjahr ein Anstieg zu verzeichnen war (1), hat sich der Betrug mit Scheckkarten ohne Geheimzahl auch im Jahr 2004 wieder deutlich erhöht. Die Polizei stellt vermehrt fest, dass Scheck- und Kreditkarten an Bekannte oder Verwandte weitergegeben werden (2). Damit diese auf kriminelle Weise damit „einkaufen“ gehen können (3), meldet der Kontoinhaber die Karte als gestohlen oder verloren. Obwohl die Verluste meist den Geschäften zugeschrieben werden (4), die noch das Lastschriftverfahren ohne Geheimzahl anbieten, ändert sich nichts. Weil die Kosten zu hoch sind (5), lehnen viele Einzelhändler das sichere Verfahren mit Geheimzahl immer noch ab. Die Polizei ist sich sicher, dass es den Betrügern damit zu leicht gemacht wird (6).

Kausalsatz	________
Finalsatz	________
Konzessivsatz	________
Temporalsatz	________
Inhaltssatz	________

6 P. (je 1)

C Rechtschreibung

17 *Ein junger Redakteur berichtet über einen Betrug. Er ist so aufgeregt, dass er in der ersten Fassung viele Fehler macht. Lies den folgenden Text einmal geschlossen. Schau bei einem zweiten Lesedurchgang auf Rechtschreib- und Zeichensetzungsfehler. Schreibe die richtige Schreibweise jeweils in das Feld unter die fehlerhaften Wörter. Wenn ein Satzzeichen fehlt, setze es in das Kästchen darunter.*

Sie	sind	hier	Trikbetrüger	erneut	Unterwegs	→ *Fehler in der oberen Zeile*
			: Trickbetrüger		unterwegs	→ *Korrektur in der unteren Zeile*

BEACHTE: *Schreibe nicht den ganzen Text ab, sondern korrigiere nur, was falsch ist.*

Ein	Trickbetrüger	hat	am	Vergangenen	Donnerstag	in	Schweinfurt	einen

Achtundsechzigjährigen	Mann	um	Tausend	Euro	gebracht

Der	unbekannte	hatte	den	Mann	auf	dem	parkplatz	eines	Supermarktes

angesprochen	und	im	Geschenke	angeboten	.	Der	Mann	lies	sich

unter	anderem	Besteckkästen	und	Uren	zeigen	und	nam	Einige	davon	an	.

Plötzlich	verlangte	der	Unbekannte	für	die	zunächst	Kostenlos	angebotenen

waren	2800	Euro	.	Er	beteuerte	,	dass	Geld	bei	der	Ausreise	aus

Deutschland	als	Steuernachweis	zu	benötigen	Die	Männer	einigten	sich

schlieslich	auf	einen	Preiß	von	1000	Euro	.	Erst	zu	hause	stellte

der	achtundsechzigjährige	fest	das	es	sich	um	Minderwertige	Ware

handelte	und	er	betrohgen	worden	war	.

10 P.

D Schreiben – einen Brückentext schreiben

Johann Peter Hebel

Der Zahnarzt

Zwei Tagdiebe[1], die schon lange in der Welt miteinander herumgezogen, weil sie zum Arbeiten zu träg oder zu ungeschickt waren, kamen doch zuletzt in große Not, weil sie wenig Geld mehr übrig hatten und nicht geschwind wussten, wo nehmen. Da gerieten sie auf folgenden Einfall: Sie bettelten vor einigen Haustüren Brot zusammen, das sie nicht zur Stillung des Hungers genießen, sondern zum Betrug missbrauchen wollten. Sie kneteten nämlich und drehten aus demselben lauter kleine Kügelein oder Pillen und bestreuten sie mit Wurmmehl aus altem zerfressenem Holz, damit sie völlig aussahen wie die gelben Arzneipillen. Hierauf kauften sie für ein paar Batzen einige Bogen rot gefärbtes Papier bei dem Buchbinder (denn eine schöne Farbe muss gewöhnlich bei jedem Betrug mithelfen). Das Papier zerschnitten sie alsdann und wickelten die Pillen darein, je sechs bis acht Stücke in ein Päcklein. Nun ging der eine voraus in einen Flecken[2], wo eben Jahrmarkt war, und in den Roten Löwen, wo er viele Gäste anzutreffen hoffte. Er forderte ein Glas Wein, trank aber nicht, sondern saß ganz wehmütig[3] in einem Winkel, hielt die Hand an den Backen, winselte halblaut für sich, und kehrte sich unruhig bald so her, bald so hin.

[...]

Natürlich gingen jetzt die zwei Schelme wieder einer nach dem andern weiters, lachten, als sie wieder zusammenkamen, über die Einfalt[4] dieser Leute und ließen sich's wohl sein von ihrem Geld.

Das war teures Brot. So wenig für 24 Kreuzer bekam man noch in keiner Hungersnot. Aber der Geldverlust war nicht einmal das Schlimmste. Denn die Weichbrotkügelein wurden natürlicherweise mit der Zeit steinhart. Wenn nun so ein armer Betrogener nach Jahr und Tag Zahnweh bekam, und in gutem Vertrauen mit dem kranken Zahn einmal und zweimal darauf biss, da denke man an den entsetzlichen Schmerz, den er, statt geheilt zu werden, sich selbst für 24 Kreuzer aus der eigenen Tasche machte. Daraus ist also zu lernen, wie leicht man kann betrogen werden, wenn man den Vorspiegelungen jedes herumlaufenden Landstreichers traut, den man zum ersten Mal in seinem Leben sieht, und vorher nie und nachher nimmer; und mancher, der dieses liest, wird vielleicht denken: „So einfältig bin ich zu meinem eigenen Schaden auch schon gewesen." [...]

1 **Tag(e)dieb:** Nichtstuer, Herumtreiber
2 **Flecken:** kleiner Ort, Dorf
3 **wehmütig:** traurig, still leidend
4 **Einfalt:** Dummheit, Arglosigkeit

18 *Von der Geschichte sind nur der Anfang und das Ende abgedruckt. Schreibe einen Brückentext, in dem du erzählst, was zwischen beiden Teilen geschehen sein könnte.*
Bereite deine Erzählung durch die folgenden Arbeitsschritte a) bis d) vor und schreibe sie dann in deinem Heft nieder.

a) Lies beide Textteile genau und markiere wichtige Informationen, die für den Handlungsverlauf besonders wichtig sind und die du aufgreifen musst.
b) Was könnte im Hauptteil passieren? Notiere deine Ideen in Stichworten.

---

c) Wähle die Idee aus, die dir für einen spannenden Höhepunkt geeignet scheint.
d) Schreibe nun den Hauptteil der Erzählung in dein Heft.
Beachte dabei folgende Tipps und prüfe am Ende die Rechtschreibung.

25 P.

TIPP

Tipps für das Erzählen

- Im Hauptteil den Kern der Geschichte erzählen (spannender Höhepunkt),
- anschaulich erzählen: treffende Verben und Adjektive sowie bildhafte Sprache nutzen,
- wörtliche Rede verwenden,
- Gedanken und Gefühle der Figuren wiedergeben,
- auf die Zeitformen achten (hier: Präteritum).

Autoren- und Quellenverzeichnis

S. 20: Fromme, Claudia: Ein Vögelchen für starke Nerven. In: Süddeutsche Zeitung, 27. / 28. / 29. März 2005; **S. 38:** Janssen, Ulrich/Steuernagel, Ulla: Warum wir hören. Aus: Die Kinder-Uni. Forscher erklären die Rätsel der Welt. Zweites Semester. Deutsche Verlagsanstalt, München 2004, Text für diese Ausgabe gekürzt und bearbeitet; **S. 43:** Halbey, Hans Adolf: Trotzdem/Von der Zeit. Aus: Hans-Joachim Gelberg (Hg.): Überall und neben dir. Gedichte für Kinder. Beltz & Gelberg, Weinheim und Basel 1989, S. 177 u. 179; **S. 53:** Russische Soldaten überleben Drama in ihrem U-Boot. In: General Anzeiger Bonn, 08. 08. 2005; **S. 64:** Silverstein, Shel: Schattenwäsche. Aus: Heinz-Jürgen Kliewer (Hg.): Die Wundertüte. Alte und neue Gedichte für Kinder. Reclam, Ditzingen 1989, S. 116; **S. 74:** Thurber, James: Der Fuchs und der Rabe. Aus: 75 Fabeln für Zeitgenossen. Rowohlt, Reinbeck 1967; **S. 80–81:** Hebel, Johann Peter: Der Barbierjunge von Segringen. Aus: Die Kalendergeschichten. Sämtliche Erzählungen aus dem Rheinländischen Hausfreund. Carl Hanser Verlag, München 1999; **S. 86:** Scheffel, Joseph Victor von: Der Ichthyosaurus. Aus: Christian Strich (Hg.): Wer reitet so spät durch Nacht und Wind. Die schönsten deutschen Balladen von Gotthold Ephraim Lessing bis Erich Kästner. Diogenes Verlag, Zürich 1981, S. 195–196; **S. 88–89:** Hebel, Johann Peter: Der betrogene Krämer. Aus: Hebels Werke in einem Band. Bibliothek deutscher Klassiker. Aufbau-Verlag, Berlin und Weimar 1978, S. 201; **S. 95:** Hebel, Johann Peter: Der Zahnarzt. Aus: Die Kalendergeschichten. Sämtliche Erzählungen aus dem Rheinländischen Hausfreund.

Bildquellenverzeichnis

S. 9, 44: picture-alliance/dpa, Frankfurt/M.; **S. 10:** picture-alliance/KPA, Frankfurt/M.; **S. 11 oben:** mit freundlicher Genehmigung von U. Teige, www.pedalwelt.de; **S. 11 unten:** Deutsches Ledermuseum-Schuhmuseum Offenbach; **S. 12, 13:** Bildarchiv Preußischer Kulturbesitz, Berlin; **S. 14:** Jasmin Gopurathingal, Niederkassel; **S. 20 oben:** Mit freundlicher Genehmigung der Jamba! GmbH, Berlin; **S. 21:** picture-alliance/IMAGNO/Gerhard Trumler; **S. 28 unten:** Cordula Grunow; **S. 28 oben:** www.sparkassen-schulservice.de; **S. 29, 75 oben:** picture-alliance/akg-images; **S. 40:** ullstein bild/Roger Viollet; **S. 55:** Cover von Wahrig Die Deutsche Rechtschreibung ©Wissen Media Verlag, Gütersloh/München 2006; **S. 75 unten:** picture-alliance/KPA/HIP/Ann Ronan Picture Library; **S. 77:** picture-alliance/dpa/dpa web

Impressum

Redaktion: lüra – Klemt & Mues GbR, Wuppertal

Illustrationen: Maja Bohn, Berlin (S. 4, 25, 36–38, 42, 43), Sylvia Graupner, Annaberg (S. 58, 61–64, 72, 73),
Sabine Lochmann, Frankfurt/M. (S. 17, 19, 22–24, 66–70, 89, 91–95), Jutta Melsheimer/Kai Hofmann, Berlin (S. 15);
Christiane Pieper, Wuppertal (S. 46, 48, 74, 86, 87), Friederike Rave, Wuppertal (S. 30–35), Mone Schliephack, Niedernhausen (S. 20, 80–85)
Umschlaggestaltung und Layoutkonzept: Katharina Wolff (Foto: Peter Wirtz, Illustration: Barbara Schumann)
Layout und technische Umsetzung: werkstatt für gebrauchsgrafik, Berlin

www.cornelsen.de

1. Auflage, 1. Druck 2006 / 06

Druck: Parzeller Druck- und Mediendienstleistungen, Fulda

ISBN-13: 978-3-464-68063-6
ISBN-10: 3-464-68063-0

Inhalt gedruckt auf säurefreiem Papier aus nachhaltiger Forstwirtschaft.